Educational Reform in Australia
Challenge for 21st Century Education

オーストラリアの教育改革

21世紀型教育立国への挑戦

佐藤 博志 編著

学 文 社

はじめに

今日，グローバリゼーション，知識基盤社会の進展，少子高齢化，経済的・文化的格差の拡大が進んでいる．急激に変化する日本社会では，さまざまなイノベーションが脚光を浴びているが，過剰な効率化・成果主義への疑問も出されている．その結果，多様な文化の理解と尊重，豊かな人間関係と自己肯定感の醸成，ワークライフバランスの実現等が切に求められるようになった．新しい社会を実現するために，諸制度の改革が課題となり，その一環として教育改革も期待されている．だが，家庭，学校，地域，職場では，人びとは現実の制約の中で将来展望が中々見通せない．そのことが世の中の閉塞感をもたらしている．このような人びとと現場の実感も汲み取った上で，どのように教育改革を進めればよいのであろうか．

教育改革の在り方を考えるために，外国教育の調査研究，比較研究は一つの有効な方法である．OECDの教育関連報告書では，オーストラリアの教育改革は示唆に富むものとして，注目されている．だが，日本では，オーストラリアの教育は十分紹介されていない．たとえば，『諸外国の教育動向2008年度版』（文部科学省生涯学習政策局調査企画課，2009年.）は，アメリカ，イギリス，フランス，ドイツ，中国，韓国，EUを対象とするのみであって，オーストラリアは対象としていない．また，最新の学力問題に関して考究した『揺れる世界の学力マップ』（佐藤学・澤野由紀子・北村友人編著，明石書店，2009年.）は，ヨーロッパ，南北アメリカ，アジアを対象としているが，オーストラリアは対象としていない．しかし，オーストラリアの教育は興味深い展開を見せている．

オーストラリアでは，2007年11月の連邦議会選挙で，10年間続いた自由党・国民党のハワード政権から，労働党のラッド政権へと政権交代が起こった．その後，ラッド政権（2010年7月よりギラード政権）は「教育革命」という政策パッケージを提示し，オーストラリアの教育の構造転換を促した．現地の教育界では，「いまだかつてない大きな変化が起こっている」といわれている．この教育改革は，教育行政の成果主義，自律的学校経営，知識基盤社会に対応したカリキュラム開発，大学における教え方の創意工夫を促している．2010年1月からは，連邦政府の主導により，全国学力調査の結果を含む各学校のプロフィールがウェブ上で公開され，「学校成果の透明化」が進められている．これについて，保護者の7割は賛成している．だが，教師の間では不人気校を固定するものとして反対され，白熱した議論が起こっている．

このような大規模な教育改革は，オーストラリア連邦政府が21世紀型教育立国を確立しようとしていることの表れである．21世紀型教育立国の理念は，教育を通して，グローバル化，知識基盤社会，情報化，多文化等を特徴とする21世紀社会で活躍できる人物を育成し，豊かな国づくりに貢献することである．オーストラリアは資源大国であるにもかかわらず，21世紀における産業の資本が知識・アイデア・人材であることを見越して，教育立国をめざしている．問題は，21世紀型教育立国をめざした教育改革が新たな試みであるがゆえに，光と影を有し，難しさを露呈していることである．本書は，21世紀型教育立国をめざすオーストラリアの教育改革に着目し，その最新動向を検討・報告するものである．

本書は，オセアニア教育学会研究推進委員会（2009年度～2010年度）の研究成果に修正・加筆したものである．本書の刊行に期待し，理解してくれたオセアニア教育学会の福本みちよ会長，理事，関係各位に心より感謝申し上げる．最後に，本書の企画・出版をご快諾くださった学文社代表取締役田中千津子氏にお礼申し上げる．

2011年初春

編　者

目次

第1章
社会・教育・子ども

第1節　本章の目的

オーストラリアへ定期的に赴く筆者のような者で，とくにここ2～3年，シドニーやメルボルン等大都市における，いわゆる「アジア系」(Asians) 住民の急増を肌で感じてきた人は少なくないだろう．実際，近年のアジア地域，とくに中国や韓国，インドからの留学生数の急増はめざましく，彼・彼女らの多くが大都市に居住することもすでに指摘されている[1)]．また，その多くは，学位取得後，オーストラリアで永住権を取得する割合も高く，その数は全学位取得者の約半数にも上るといわれている．

オーストラリアが英語を母語としない人びとを移民として本格的に受け入れるようになってから60数年の歳月が経過するが，その間，移民の人口構成にも大きな変化が見られる．かつて大勢を占めたヨーロッパからの移民は，近年，アジア諸国からの移民にその地位を明け渡すとともに，中近東やアフリカ等その出身地も多様化する傾向にある．

このような変化は当然，オーストラリアが国是とする多文化主義政策にも影響を与えている．ハワード政権下で拒まれ続けてきた先住民への公的謝罪は，ラッド労働党政権誕生後すぐに実現されたものの，「多文化主義」という言葉そのものは，公の場でほとんど目にしなくなった．その代わり，近年，政策文書や官公庁の名称には，シティズンシップや「オーストラリア的価値」(Australian values) といった，より包摂性の高い言葉が使用されている．これは，オーストラリアにおける多文化・多言語状況がすでに国内外の多くの人びとにとってある意味「自明化」したことを示す反面，そのような多文化状況に派生して生じるだろう問題を未然に防ぐ狙いがあると考えられる．

この「包摂性」を求める姿勢は，近年の教育政策にも見られる．1990 年代後半以降，連邦政府は，オーストラリア全体の教育成果の向上を図るため，統一的な基準を用いたテストの実施・推進により，とくに支援が必要だと考えられる領域・対象を明確化し，それらに適切かつ集中的な支援の提供を推進する体制を構築しようと努めてきた．その背景には，1980 年代後半以降，繰り返し確認されてきた「すべての子どもに質の高い教育成果を保証する」との理念が存在することは間違いない．しかし，とくに近年は，そのテストの結果明らかにされた数量的な教育成果の「格差」是正を目的に，その理念の実現に向かう姿勢にまで責任と行動の共有が求められ，教育の「統一化」が進んでいる．

本章は，オーストラリア全体における近年の社会の変化を，さまざまな数値から検討する．また，多文化主義政策の変遷を概観することにより，社会の変化に対応するための政府の姿勢の変化も提示したい．そしてそれらを踏まえた上で最後に，とくに 2000 年以降の教育政策を振り返り，近年の主要な教育課題を指摘するとともに，それらを克服するための取り組みを紹介する．

第2節　多文化国家オーストラリア——近年の人口動態的特徴

(1)　増え続ける人口と近年の移民の特徴

オーストラリア統計局（Australian Bureau of Statistics：以下 ABS と略）のウェブサイトには，「オーストラリア人口時計」（Australian Population Clock）が設けられ，アクセスするとすぐに同国の現在の総居住人口数[2)]が目に入るようになっている．日本の約 20 倍の国土をもつ同国の人口は，いまだ日本の六分の一ではあるものの，先進諸国が少子高齢化を主な理由として人口減少問題を抱えるなか，近年とくにその増加がいちじるしい[3].

この人口増に大きな貢献を果たしているのが，海外からの移民である．これまで約20年にわたり，自然増が移民（Net Overseas Migration：以下NOMと略）増を若干上回る状態が続いてきたが，2007年以降はその割合が逆転し，2009年にはNOMが人口増の65%を占めるまでになった．この背景には当然，技術移民（skilled migration）を求める政府の移民政策や留学生数の増加，さらにはオーストラリア経済の好調など種々の複合的要因が存在する．

2009年6月末時点でのオーストラリアの総人口は，約2,200万人である[4]．そのうち，海外で生まれた人の割合は，全体の四分の一にあたる580万人であった[5]．その内訳は，イギリス出身者の割合が最も多く（120万人），ニュージーランド出身者（約53万人），中国出身者（約35万人），インド出身者（約30万人），イタリア出身者（約22万人）がそれに続く[6]．イギリス出身者は，このように他を大きく離す形で未だ海外出身人口の多くの部分を占めているが，1990年以降，ヨーロッパを出自とする人の割合は，全体として減少傾向にある[7]．

一方，中国やインドをはじめとするアジアからの移民は大幅に増えている．2008～09年に人口増加率の最も高かった移民の出身地も，ネパール（44.3%），日本（28.1%），韓国（19.8%），台湾（17.2%），インド（16.6%）であり，いずれもアジア諸国が上位を占める[8]．また，サハラ以南のアフリカ諸国からの移民も増えており[9]，オーストラリアを構成する移民の出身地は，ヨーロッパからアジア・アフリカへと変化し，またその国籍・地域等も多様化する傾向にある．

(2)　留学先としてのオーストラリア・永住地としてのオーストラリア

近年のオーストラリアにおける人口増の最たる担い手となっている集団の一つに，留学生が挙げられる[10]．留学生の多くは留学ビザで来豪するが，滞在中に永住権を申請する，もしくは労働目的の他のビザに切り替える等により，比較的長期に滞在する者が増えている．そのため，留学等を目的とした一時滞在ビザ（temporary visa）で入国した人の数が，その目的を終え出国する人の数を大幅に上回る状況が続いている.[11)]

2010年8月の留学生総数は，約56万1,000人であった.[12)] そのうち，大学等の高等教育機関に在籍する者は約21万5,000人であり，全体の三分の一強を占めている.[13)] 少し古いが，2004年のデータによれば，留学生で高等教育を修了した者のうち約半数の43％が永住権を申請している.[14)] また，「経営・商業」（Management and Commerce）を専門とする留学生が全体の約半数を占めることや，近年，職業教育訓練（Vocational Education and Training：以下VETと略）部門への留学生数が急増していることを考えると，留学後も一定期間オーストラリアで働くことを前提に来豪する移民候補者としての留学生が，同国の人口のさらなる多様化に今後も影響を与え続けるだろうことが容易に推察される.

また，高等教育やVETに比べるとその数は少ないものの，初等中等教育段階への留学も緩やかに上昇傾向にある.[15)] 初等中等教育段階への留学の場合，年齢が低ければ低いほど，保護者の同伴が欠かせない．そのため，とくに中国・韓国を中心に，子どもが留学ビザで，また同伴の母親が保護者ビザでオーストラリアに入国し，長期にわたり滞在する例も見られている．連邦教育雇用職場環境省（Department of Education, Employment and Workplace Relations: DEEWR）のウェブサイトにも，現在では，「留学」（International）の項目が設けられ，種々の情報が提供されている．また，筆者が調査のためケアンズにある州教育省地方事務所を訪問した際にも，受付には，ケアンズの初等学校・中等学校への留学を歓迎するパンフレットが置かれていた.

しかしながら，このような政府の留学生増を歓迎する姿勢とは裏腹に，2009年には，シドニーやメルボルンの大都市を中心に，主としてインド出身の留学生に対する暴力行為が多発した．そしてそれにより，永住権の取得をちらつかせ，設備内容の不十分な職業教育訓練コースに多額の授業料を支払わせて入学させる留学エージェントの存在や，深夜にもかかわらず低賃金のアルバイトに従事せざるを得ない留学生の実態等，さまざまな問題が表面化し，新聞報道等

を通じて世間を賑わせた.[16)]

現在, 教育産業はオーストラリアで最も活力のあるサービス業の一つであり, とくに留学生数の増加は同国の経済にとって重要である. そのため, 政府はその関係修復に努力するとともに, 連邦・各州首相により構成されるオーストラリア政府審議会 (Council of Australian Governments：以下 COAG と略) でも, 留学生の生活・教育環境の整備についての議論がなされており,[17)] 今後, これまでの基準がさらに強化されることもすでに予定されている.

(3) 「オーストラリア的家族」の抱える問題

留学生数の増加とともに, オーストラリアの人口動態に影響を与えるもう一つの要素として, 同国における多様な家族のあり方について言及しておきたい. 2006 ～ 07 年の調査によれば, オーストラリアの総家族数は 590 万家族で, そのうちの 85%が両親のいる家族 (couple family), 14%がひとり親家族 (one parent family) である.[18)] 0 ～ 17 歳の主として学齢期の子どもをもつ家族に限定すると, 両親のいる家族の割合が 80%に減じる一方で, ひとり親家族の割合は 20%に増加する.[19)]

また, この年代の子どもをもつ家族は, 両親のいる家族にせよ, ひとり親家族にせよ, そのほとんどが, その子どもの生物学的な親, もしくは養子縁組による親を中心とする構成である. しかしながら, 両親の離婚およびその後の再婚等により義理の親・兄弟姉妹と生活をともにするケースや実の父親・母親等の他界により義理の親との生活を強いられるケースも存在し, オーストラリアだけに限ったことではないものの, その構成は実際に多様である.

一般に, このような結婚・離婚を取り巻く家族およびそのイメージの構築には, その時々の世相や人びとの意識の変化がたぶんに反映される. オーストラリアでは, 1975 年に「家族法」(the Family Law Act 1975) が施行され, 離婚を過ちとは見なさない傾向 ('no fault' approach) が強まったため, 1980 年代後半まではとくに離婚率の急増が続いた.[20)] 近年, その傾向はやや落ち着きを見せた

とはいえ，結婚した夫婦の約三分の一が離婚に至るとの報告もなされている.[21)]

ABSが行った調査によれば，幼少期に両親の離婚を経験した子どもは，そうでない子どもに比べて中等教育を修了する割合が低い.[22)] 中等教育修了率の低さは，当然，その後の就職や人生設計にも影響を与える．とくに女性では，25歳までに最初の子どもをもつ人の割合が，幼少期に両親の離婚を経験した子どもの場合，そのような経験のない子どもの２倍に相当する.[23)]

ハワード元首相は在任中，安定した家族の重要性を主張し，支援の対象としての家族ではなく，責任の共有者としての家族の構築をめざした．しかし一方で，少なくとも子どもが小さいうちは一方の親が子育てに専念することを理想としたため，その支援が，単一収入で高所得の家族に対する援助に終始しているとの批判も受けた.[24)] ハワードから政権を引き継いだラッド前首相が，選挙戦の最中から繰り返し主張した「ワーキング・ファミリーズ」への重点的な支援提供の必要性はこのような背景から生まれたものであるが，今後，両親の離婚を経験した子どもがその後の教育および就職での不利益を拡大させないためにも，多様な背景をもつ家族への支援の充実が望まれる.

第３節　多文化主義政策の変遷

(1)　国家政策としての多文化主義

オーストラリアの人口構成に，その入り口で影響を与えてきたのが移民政策だとすれば，入国の切符を手にして以降，重要となるのが多文化主義政策である．オーストラリアの多文化主義政策の歴史を紐解くと，「多文化主義」という言葉が意味するものが，時代により変化してきたことが指摘できる.[25)] 多文化主義に関する議論が最初に活況を見せた1970年代には，当時増え始めてきた英語を母語としない移民に対する支援の充実が求められ，既存のサービス，プログラムの見直しが行われた．とくに1978年の通称「ガルバリー報告」では，移民の定住サービスにおける公正（equity）と文化維持（cultural maintenance）

の問題が提起され，その後の多文化主義政策の基礎を構築したと考えられている．

しかし，1980年代に入ると，それまで主として移民の問題だと考えられてきた多文化主義が，すべてのオーストラリア人を対象とするものだと主張されるようになった[26]．つまり，多文化主義の概念・枠組みの拡大が図られたといえる．1982年には，『すべてのオーストラリア人のための多文化主義：我々の国民性の開発』（Multiculturalism for All Australians: Our Developing Nationhood）が発表され，「エスニックの問題」（ethnic affairs）としての多文化主義は終焉を迎えたことが公的に宣言された[27]．そして，多文化主義が，すべてのオーストラリア人を包摂する（inclusive）ものであることが確認された．

また，とくに1990年代以降は，多文化主義政策に経済合理主義的な考え方が導入され，「生産的多様性」（productive diversity）という側面が強調されるようになった[28]．これは，ハワード保守連合政権下の経済至上主義的な政策の下，国内の文化的多様性をオーストラリアの重要な経済資源として活用することを意図したものだが，このように，移民の生活支援の充実を目的に提唱された多文化主義は，オーストラリアの政治・経済をも包含する幅広い概念へと拡大を遂げたのである．

しかしながら，このような変化とは対照的に，オーストラリアの多文化主義は，1970年代後半にその定義がはじめて公文書の中で明示されて以来，一貫して「社会的結束」（social cohesion）を追求してきた．1977年の『多文化社会としてのオーストラリア』（Australia as a Multicultural Society）では，同国の多文化主義が「機会の平等」，「文化的アイデンティティの尊重」とともに「社会的結束」をその基盤に据えることが確認された[29]．また，1989年の『多文化オーストラリアのためのナショナル・アジェンダ』（National Agenda for a Multicultural Australia）では具体的に多文化主義が，① オーストラリアへの参加を最優先させる義務，② オーストラリアの基本的な慣習と制度（institution）を受け容れる義務，③ 他者が自身の見解や価値を表明するのを受け容れる責任をもつ，という三つの義務・責任を内包すると主張された[30)]．1999年には，このアジェンダを基盤として新たなナショナル・アジェンダが発表されたが，そこでも，多文化主義が市民としての「義務」を含む概念であることが再度確認されている[31)]．

このように，オーストラリアの多文化主義政策は，その対象者を主として支援を必要とする「移民」から「すべてのオーストラリア人」へ，またその内容を「生活支援・福祉」から「経済発展への貢献を含むもの」へと拡大を遂げた．しかし，多文化主義に関する議論が公的な場に現れた1970年代当初から，それがオーストラリア国家の「統一的」枠組みとして機能するとの姿勢に変化はない．2000年以降，「多文化主義」の名を冠した政策は表舞台から姿を消した．しかし，次に示す「シティズンシップ」と呼ばれる新たな概念により，その「枠組み」は一層強化されている．

(2) 多文化主義からシティズンシップへ

「シティズンシップ」とはそもそも「国籍」を意味する言葉である．オーストラリアで「国籍」とは区別された「小文字のシティズンシップ」が日常的に使われるようになったのは，1990年代後半以降のことだといわれている[32)]．

2000年，ハワード政権下で行われた国籍法を中心とするシティズンシップ政策の見直しの一環として，オーストラリア・シティズンシップ評議会（Australian Citizenship Council）がまとめた提言書『新世紀に向けたオーストラリアのシティズンシップ』（Australian Citizenship for a New Century）が発表された．この中で，「小文字のシティズンシップ」は，イギリスを基盤とするかつての伝統的なナショナル・シンボルに代わるものとして明確な位置づけを与えられた[33)]．そして，シティズンシップが，オーストラリアを束ねる「統合力」（unifying force）となるために，① オーストラリア社会において共有されるべき価値を追求すること，そしてそれは ② 人種・民族的な固有性や単一文化にもとづくナショナル・アイデンティティを強制する「ネイション」に代わるも

のであることが強調された.[34)]

このような考え方はすでに，1988年にハワードが自由党党首として発表したマニフェスト『将来の方向性』(Future Directions) の中にもうかがうことができる．このマニフェストでハワードは，「多くの文化から一つの国家へ向けて」(From Many Cultures Towards One Nation) との見出しを用い，認められるべき多文化主義とそうでない多文化主義の間には明確な境界線があると指摘した.[35)] そして，多文化主義に対する態度の表明は，それがどのように定義され，どのように実現されるのかに依拠するものだとも主張した.[36)] また，ハワードが首相在任中，「多文化主義」という言葉の使用を避けたことは有名だが,[37)] とくに後半は，「支配的文化様式」(dominant cultural pattern) や「核文化」(core culture) という言葉を意図的に用い，多文化主義に代わる新たな「オーストラリア像」を模索し，それがアングロ・サクソン文化を中心に他の文化と混じり合って結束力をもったものだと強調した.[38)]

政権交代後の2009年には，ハワード政権の公約であり，2006年以降議論が重ねられた「シティズンシップ・テスト」(Citizenship Test) の実施が，ラッド政権下で開始された．このテストは，シティズンシップ（市民権）の取得を希望する人が，「オーストラリアについておよびその市民としての義務と権利について適切な知識を有しているか否かを」判定することを目的に開発された．内容は，① オーストラリアとその国民，② オーストラリアにおける民主主義の信念，権利，義務，③ オーストラリアの政治と法律についてであり，20問の多肢選択問題のうち75%にあたる15問以上の正解が求められている．テストはすべて英語で行われるため，英語の基礎技能を有しているか否かも判定の材料とされる．

このようなテストの内容は，先に示した，ハワード元首相が在任中から繰り返し主張してきたオーストラリアの「核」を反映したものであり，西洋の伝統ともいえる民主主義や権利，そして英語を基盤としたものである．シティズンシップ・テストの合格者は，その「核」を理解していると見なされているが,ここにも，シティズンシップが「国籍」以上のものを意味することが，端的に示されている．

(3) 「オーストラリア的価値」とは

シティズンシップ・テストと合わせて言及すべき事柄に，「オーストラリア的価値」(Australian Values) がある．この言葉は，ハワード元首相により，しばしば好んで使用されたが，その意味するところは，その時々の情勢等により微妙に異なる[39]．しかし，2007 年には，オーストラリアでの一時滞在もしくは永住を希望する人びとが必ず理解しておかなければならない項目として，「オーストラリア価値表明」(Australian Values Statement) がまとめられ，18 歳以上の成人がビザを申請する際には，必ず説明を受け，署名が義務づけられるようになった[40]．そのため，この「価値表明」は現在，各国語版に翻訳された暫定・永住ビザ申請者への説明資料『オーストラリアの暮らし』(Life in Australia) の最初のページに掲載され，理解・周知が図られている．

表１―１に示したその内容からは，オーストラリアが個人の自由や権利を重んじる民主的社会であると同時に，それらの価値の尊重を共有することで成り立つ一国家であることの強調がうかがえる．それは，公用語としての英語の重要性を，その機能的側面でなく象徴的機能から説明していることにも明らかである．また，とくにシティズンシップ（市民権）取得に際しては，「他人と異なる権利」や「多様性」に対する尊重を謳いつつ，国家としての結束力や国民としての忠誠 (loyalty) を求めており，オーストラリア国民候補者としての暫定・永住ビザ申請者に，国民としての責任・義務の遂行を求める姿勢も示されている．

このように，オーストラリアでは現在，1970 年代以降国是としてきた多文化主義に代わる新たな理念として「シティズンシップ」や「オーストラリア的価値」の定着が図られている．そしてそれらにより，多文化主義が基盤とし，構築してきた国家・国民としての統一的な「枠組み」は，一層強められてい

表1—1　オーストラリア価値表明書（Australian Values Statement）

私はオーストラリアの社会と価値についてオーストラリア政府が提供した情報を読んだことを，あるいはその説明を受けたことを認めます． 私は次のことを理解しています： • オーストラリア社会は個人の自由と尊厳の尊重，宗教の自由，法の支配の約束，議会制民主主義，男女平等と，相互尊重，寛容，公平な態度，困った人への思いやり，公益の追求を大切にする平等主義の精神を重視します． • オーストラリア社会は個人の人種，宗教，出身民族にかかわらず，個人の機会の平等を重視します． • 英語は国語として，オーストラリア社会を結束させる重要な要素となっています． 私はオーストラリア滞在中に，こういったオーストラリア社会の価値を尊重し，オーストラリアの法に従うことを約束します． もし私がオーストラリア市民権の取得を求める場合には，次のことを理解します： • オーストラリア市民権とは共有のアイデンティティであり，多様性を尊重しながら全オーストラリア人を結びつける，共通のきずなです． • オーストラリア市民権には権利とそれに付随する責任を伴います．オーストラリア国民の責任にはオーストラリアの法に従うことが含まれ，これは選挙で投票することや陪審員を務めることも含まれます． • もし私がオーストラリア市民権取得の法的資格を満たし，私の申請が承認された場合には，私はオーストラリアとその国民への忠誠を誓わなければならないことを理解しています． 本申請書に含まれる，18歳以上その他の者は全員，オーストラリア政府がオーストラリアの社会と価値について提供した情報を読み，もしくはその説明を受け，上記表明書に同意すると私に伝えました．

出所）オーストラリア移民・市民権省『オーストラリアの暮らし（日本語版）』オーストラリア連邦，2007年，p.2.

る．

そこで次に，近年の教育政策の動向とその現状とを概観し，この「枠組み」や「統一性」を指向する政府および社会の傾向が，教育政策にどのように反映されているのかを見ていきたい．

第４節　多文化国家の教育課題

(1) 近年の教育政策の動向

2008年12月に発表された「メルボルン宣言」は，現在のオーストラリア教育政策の「基盤」となる指針である．1989年に，連邦・各州教育大臣の合意によりはじめて「国家教育指針」が採択されて以降，1999年，2008年と改訂を重ねるにつれ，その内容は厚みを増し，また「基準」としての性格も強まっていった．

「メルボルン宣言」では，これまでの二度の指針と同じく，オーストラリアのすべての子ども・若者が等しく教育成果をあげられるよう，学校教育が公正・公平であり，かつ質の高いものであるべきことが主張された．そしてそのために国家としての「枠組み」が必要とされるのであり，連邦・各州の協働が不可欠であることも確認された．

しかし，過去の二つの指針とは異なり，「メルボルン宣言」ではそこで示された国家目標実現のための「責任」の共有が強調された．そして，宣言とは別に，就学前教育から後期中等教育修了までを視野に入れた，「より強固なパートナーシップの開発」「優れた教授法の開発と学校のリーダーシップに対する支援」「上級学年への移行，進学に際しての支援」「国際水準のカリキュラムの開発と評価」「アカウンタビリティと情報の透明性の確保・強化」等，八つの領域を柱とする「行動計画」（Action Plan）が発表された[41)]．

また，これらの各領域には，連邦・各州教育大臣によりすでに「合意された行動」が詳細に記された．たとえば，「移行や進学に際しての支援」では，すでに同時期にCOAGで採択された「2020年までに12年生（もしくはそれと同等）の修了率を90％にまで向上させる」との目標が再度確認された[42)]．また，「国際水準のカリキュラム」についても，ナショナルカリキュラム開発とそれに責任をもつ新たな機関の設立が明示され，2011年以降すべての州で実施に移れるよう，その具体的手順も示されている．

このような連邦・各州教育大臣の「合意」による「行動計画」の共有は，学校教育のすべての段階にわたって，連邦・各州政府が目標実現のために協働し，その「責任」を共有しているとの前提があることを意味している．COAGでは，国家の財政改革の一環として，教育分野における連邦・州政府の関係見直しも進められており，全国学力調査への参加やナショナルカリキュラムの実施等，各州政府の「責任」はますます強化される傾向にある．とくに，リテラシー，ニューメラシー（数的処理能力）等の基礎学力の向上と中等教育修了率の向上は，国をあげて取り組むべき事柄だと考えられている．

そこで最後に，これら二つの問題を取り上げ，その現状を提示する．また，連邦および各州でどのような取り組みが行われているのかを紹介する．

(2) 広がる「格差」とその「是正」のための取り組み

1996年に主として経済界の要請により実現した，オーストラリアではじめての全国規模のリテラシー調査は，同国の子どもたちの低いリテラシーの程度を明らかにし，各州政府の合意の下，翌年以降も継続的に調査を実施する体制を構築した．初等中等教育に関する責任を各州がもつ同国で全国調査を推進するにあたってまず必要とされたのは，「統一的な基準」の確立であった．そのため，各州政府の合意の下，とくに危機的な状況にある（at risk）子どもの明確化を目的に，翌1997年に，リテラシー，ニューメラシーのナショナル・ベンチマークが開発された[43]．各州はこのベンチマークに照らして調査を行うことが義務づけられたが，それにより，これまで暗黙の了解とされてきた種々の「格差」が明らかにされた．

最初のリテラシー調査以降，現在まで，とくに課題とされてきたのは，先住民の低いリテラシー，ニューメラシーの程度である．先住民・非先住民間の「格差」は著しく，とくに遠隔地に住む先住民の成果の低迷が問題とされた．そのため，たとえばクイーンズランド州北端に位置するトレス海峡島嶼地域では，2007年に，学校教育の効率化・統一化を目的に大規模な学校制度改革が行われ，それまで各島に１校ずつ存在した初等学校が，行政の中心地である木曜島の中等学校と併せて一つのカレッジへと統合された．また，いわゆる「学校」文化に慣れさせることを目的に，就学前教育の延長も奨励されている．

また，先住民だけでなく，経済的に不利な立場にある（Low Socio Economic Status: LSES）子どもたちの学力も問題視されている．メルボルン大学が行った調査では，英語を母語とするか否かという子どもたちの言語・文化的背景よりも，保護者の社会・経済状況が子どもの「学力」に大きな影響を与えていることが明らかにされた[44)]．政府はこれまで，ベンチマークに到達しなかった子どもを対象に，学校教育時間外にチューター等による補習を受けさせる金券（バウチャー）を提供する支援を行うなど対策に努めてきたが，それらはいずれも保護者の申請により行われるものであるため，方法の検討を含めさらなる充実が必要だと考える．

さらに，2008年には，それまでベンチマークに照らして各州が作成したテストにより行われてきた全国学力調査が，全国共通テストによるもの（National Assessment Program on Literacy and Numeracy: NAPLAN）へと一元化され，各州間の教育「格差」も明らかにされている．人口規模が大きく経済力もあるニューサウスウェールズ州，ビクトリア州に加え，政治の中心地である首都直轄区が上位に位置するのはいわば当然のことであるものの，同国第四の州といわれるクイーンズランド州の成果は奮わず，その全体的な底上げが必要だと考えられた．

全国学力調査で最初にテストを受ける学年である３年生までの就学期間が他州に比して約１年も少なく，また初等から中等への移行時期が他州とは異なるクイーンズランド州には，教育内容の充実のみならず，その制度上のちがいを克服する必要もある．現在，同州では，オーストラリア国立教育研究所（Australian Council for Educational Research: ACER）の提言にもとづき，就学前教育の奨励・充実が図られると同時に，教員研修の充実，テストに慣れるための時間の配分等，さまざまな取り組みが行われている．

(3)　中等教育修了率の向上をめざして

オーストラリアは，他の先進諸国に比して，中等教育修了率が低く，その向上は，同国の長年の課題とされてきた．2008年における同国の20～24歳人口で中等教育修了もしくはそれと同等の資格を持つ者の割合は，約85％である[45]．そのため，リテラシー，ニューメラシーをはじめとする基礎学力の向上も，その最終目標は，早期に学校を離れる子どもを減らし，後期中等教育もしくはそれと同等の教育・訓練を修了する子どもの割合を増やすことにある．

また，とくに2000年以降は，学校におけるVETおよびキャリア教育の提供が，連邦政府の主導により積極的に進められてきた．2000年には，「学校での職業教育のための新たなフレームワーク」（The New Framework for Vocational Education in School）が発表され，VETが学校教育カリキュラムのすべての段階で行われるべきだと主張された．

各州は，このような提言にもとづき，VETおよびキャリア教育の推進とともに，中等教育修了資格の多様化にも取り組んできた．クイーンズランド州では，15～17歳の子どもたちの就学率の向上を図るための諸提案を盛り込んだ『教育と訓練――将来のための改革　政策文書』（Education and Training Reforms for the Future: A White Paper）（2002年）にもとづき，2006年に州教育法の改正が行われた．そして，10年生（義務教育年限）修了時にフルタイムの職に就いている者以外のすべての若者に，何らかの教育訓練機関に在籍し，クイーンズランド州中等教育修了資格（Queensland Certificate of Education: QCE）もしくは職業教育訓練資格Ⅲ（CertificateIII vocational qualification）を取得することを義務化した．

2009年には，COAGでも，先に言及した中等教育修了率の具体的目標が，国家の最優先事項として示された．また，若者の教育・雇用への参加促進を目的とした連邦・各州間の契約（Compact）においては，15～24歳の若者を対象とした税金の優遇措置の前提として，それらの若者が教育・訓練に従事していること等も確認された[46]．このような目標提示や支援提供には政府の強い意気込みが感じられるが，その背景には，若者の高い失業率や転職率など，現在のオーストラリアが直面する課題がある．

ABS の調査によれば，12 年生修了を前に学校を離れる子どもがその後失業する割合は，同年齢の子どもの平均に比べ約 3 倍も高く，それは全失業者の約半数を占める[47]．これまでに何度も指摘されてきたことではあるが，とくにその割合は先住民で高く，ラッド，ギラード労働党政権下でもその格差の是正が必須であると考えられてきた．現在，先住民に対する支援は，「格差の縮小」（Close the Gap）のスローガンの下，教育のみならずさまざまな分野で行われている．

第 5 節 「平等な成果の達成」に向けて

これまで，オーストラリアにおける近年の社会の変化を，同国における人口構成の変化と，それに対応するかたちで発表されてきた多文化主義政策の変遷により概観した．また同時に，近年の主要な教育課題を提示すると同時に，それらの克服を目的として政府が推進する取り組みを紹介してきた．ここでは最後にその特徴を整理し再度確認すると同時に，とくに 2000 年以降のオーストラリアが，政権交代の中でも維持してきた社会・教育理念から，今後の検討課題を提示したい．

本章で確認したように，オーストラリアでは近年，とくにアジア・アフリカ地域からの移民の増加により，人口構成の多様化が進んでいる．永住もしくは一時滞在を視野に入れた留学生数の急増も，その多様化を促進する主要因の一つである．1970 年代以降，同国の国是とされてきた多文化主義は，当初から「国家」としての基盤・枠組みの構築を期待されてきたが，このような人口構成の多様化は，その役割の強化を一層求めていると考えられる．多文化主義に代わる言葉として，ハワード政権以降，「シティズンシップ」や「オーストラリア的価値」が好んで使用されているが，それらはある一定の価値を基盤とした，より「包摂性」「統一性」の高い概念である．

多文化主義政策同様，教育政策においても，この「包摂性」「統一性」の追求は強化されている．全国リテラシー調査に端を発する全国学力調査の推進は，統一的な基準の開発・浸透を促し，比較可能な量的評価を推進することで，さまざまな「格差」を明らかにしてきた．そしてそれにより，「底上げ」の必要な部分に適切かつ集中的な支援を提供する土壌を提供してきた．

もちろん，この背景には，1989年に最初の国家教育指針が発表されて以来，変わらずに繰り返し確認されてきた「すべての子ども・若者に等しく質の高い教育を提供する」との理念がある．しかし，近年では，その実現に向けての責任の共有は強化され，ナショナルカリキュラム開発に見られるようにその手段・内容までが「統一化」されつつある．今後，このような手段・内容の「統一化」による「平等な成果の達成」が，多文化国家オーストラリアの教育・社会にどのような影響を与えるのか，引き続き注目し，検討していく必要があるだろう．

注）

1）たとえば，堤は，メルボルン都市部に留学生が急増しており，都市の人口構成自体に大きな変化をもたらしていることを指摘している（堤純「メルボルン都市部における居住機能の急増―GIS（地理情報システム）によるセンサスデータの分析―」オーストラリア学会第18回全国研究大会発表　於国立民族博物館 2007年6月10日）．

2）オーストラリアでは，2006年に人口統計処理の方法に変更があった．これまで，12カ月継続滞在している者のみを推定居住人口（estimated resident population）と見なしてきたが，2006年以降は，16カ月のうち総計12カ月以上居住している者を推定居住人口に含めるようになった．これは，オーストラリアに住む／を離れる人びとの行動のパターンの変化によるものだと説明されているが，その一つに同国に比較的長期滞在する留学生の増加が考えられる．なお，本論でいう「人口」とは基本的にこの「推定居住人口」を指すため，国籍・ビザ等の別を問うものではない．

3）2008～09年の人口増加率は，2.1％であった（Australian Bureau of Statistics (ABS), *2008-09 Immigration Australia,* 2010, p.10.）．

4）オーストラリア統計局（ABS）ウェブサイト（http://www.abs.gov.au/

websitedbs/D3310114.nsf/home/Home?opendocument：2010 年 10 月 24 日アクセス確認）

5）ABS, *op.cit.,* p.45.

6）*Ibid.,* p.47.

7）北および西ヨーロッパからの移民は，1999 年に総人口の 7.9％を占めていたその割合が，2009 年には 7.2％へと推移している．また同様に，南・東ヨーロッパからの移民も，1999 年の 4.6％から 2009 年の 3.8％へとその数を減少させている（*Ibid.,* p.46.）.

8）*Ibid.,* p.47.

9）*Ibid.,* p.47.

10）「一時滞在」移民（temporary migration）で滞在するその他のグループとしては，労働を主目的とする人びと，ワーキング・ホリデーで来豪する人びとも，かなりの人数に上る（*Ibid.,* p.15.）.

11）*Ibid.,* p.17.

12）Department of Education, Employment and Workplace Relations (DEEWR), *Monthly Summary of International Student Enrolment Data, Australia, YTD August 2010,* 2010.

13）*Ibid.*

14）Linacre, S., *Australian Social Trend, Article: International Students in Australia,* ABS, 2007, pp.5-6.

15）Australian Education International, *Research Snapshot: International Student Enrolments in Schools in 2009,* March 2010. なお，2009 年度は前年度に比して若干減少傾向にあった.

16）たとえば，“We're selling education, not visas”, in *The Australian,* 2010.09.03. 等.

17）Council of Australian Government (COAG), *International Student Strategy for Australia 2010-2014,* 2010.

18）ABS, *Family Characteristics and Transitions 2007-08 (Reissue),* 2008, p.4. なお，残りの 1％は，祖父母と孫，同性婚家族などその他の形態によるものである.

19）*Ibid.,* p.7.

20）ABS, *Australian Social Trends September 2010: Parental divorce or death during childhood,* 2010, p.2.

21）*Ibid.,* p.2.

22）具体的には，18 ～ 24 歳の若者で幼少期に両親の離婚を経験した者の中等教育修了率が 62％だったのに対し，そのような経験のない者のそれは 72％であった（Ibid., 3）.

23) *Ibid.*, p.3.
24) 藤田智子「オーストラリア『家族政策』の歴史―なぜ『ファミリー』なのか？」『オーストラリア研究』第22号，2009年3月，p.55.
25) たとえば，塩原良和『変革する多文化主義へ　オーストラリアからの展望』法政大学出版局，2010年を参照のこと．
26) しかしながら，たとえばロペスのように，オーストラリアの多文化主義が一貫してすべてのオーストラリア人を対象としたものだったと指摘する研究者も存在する（Lopez, M., *The Origins of Multiculturalism in Australian Politics 1945-75,* Melbourne University Press, 2000.）.
27) Australian Council of Population and Ethnic Affairs, *Multiculturalism for All Australians: Our Developing Nationhood,* Australian Government Publishing Service (AGPS), 1982.
28) なお，この考え方はすでに1988年の『移民：オーストラリアへの関わり』（Immigration: a Commitment to Australia），通称「フィッジェラルド・レポート」の中で表明されている．1999年に発表された『新たな世紀のためのオーストラリアの多文化主義：包摂へ向けて』では，再度この路線が強調された．
29) Australian Ethnic Affairs Council, *Australia as a Multicultural Society,* AGPS, 1977.
30) Office of Multicultural Affairs, Department of Prime Minister and Cabinet, *National Agenda for a Multicultural Australia: Sharing Our Future,* AGPS, 1989.
31) Commonwealth of Australia, *A New Agenda for Multicultural Australia,* AGPS, 1999.
32) 飯笹佐代子『オーストラリアから読み解くシティズンシップと多文化国家』日本経済評論社，2007年，p.180.
33) 同上書，p.180.
34) 同上書，p.181.
35) Tale, J. W., "John Howard's 'Nation': Multiculturalism, Citizenship, and Identity", *Australian Journal of Politics and History,* Vol.55, No.1, 2009, p.110.
36) *Ibid.*, p.110.
37) これは，彼が在任中に行った省庁改編にも現れている．1996年に政権の座に着くとすぐに，それまで内閣府（Department of Prime Minister and Cabinet）の中に置かれていた多文化関係事務所（Office of Multicultural Affairs）を移民省に統合し，「移民・多文化関係省（Department of Immigration and Multicultural Affairs: DIMA）」へ改組した．また，DIMAはその約10年後には「移民・シティズンシップ省（Department of Immigration and Citizenship: DIAC）」に名前を変えている．

38) ちなみに，先のテールは，このような多文化主義を「構成的（constitutive)」モデルと呼んでいる（Tale, J. W., *op.cit.*, p.113.).

39) 飯笹佐代子，前掲書，p.191.

40) Department of Immigration and Citizenship, *Life in Australia, Commonwealth Australia,* 2007, p.2.

41) Ministerial Council on Education, Employment, Training and Youth Affairs (MCEETYA), *Melbourne Declaration on Educational Goals for Young Australians,* 2008, p.11.

42) MCEETYA, *MCEETYA four-year plan 2009-2012: A companion document for the Melbourne Declaration on Educational Goals for Young Australians,* 2009.

43) 青木麻衣子「教育における『多様性』の保証をめぐって―オーストラリアにおけるリテラシー・ベンチマークの策定過程から―」『Sauvage』2006年，pp.60-71を参照.

44) Lamb, S., Rumberger, R., Jesson, D., Teese, R., *School performance in Australia: Results from analysis of school in effectiveness,* Centre for Post-compulsory Education and Lifelong Learning, University of Melbourne, 2004.

45) なお，2004年にその測定方法に変更があり，現在は中等教育修了率ではなく，資格保持率（attainment rate）が測定されている．MCEETYA, *National Report on Schooling in Australia 2008.*（http://cms.curriculum.edu.au/anr2008/ch4_performance.htm.：2010年10月25日アクセス確認）

46) ABS, *Australian Social Trends March 2010: Are young people learning or earning?,* 2010, pp.4-5.

47) *Ibid.*, p.3.

コラム①

オーストラリアから見た日本の教育の「国際化」

現在，わが国でも教育の「国際化」が人びとの関心を集めている．2008 年に関連 6 省庁により「留学生 30 万人計画」が発表され，翌年には「国際化」推進の拠点となる 13 大学が選定された．1983 年に中曽根内閣により開始された「留学生 10 万人計画」も 2003 年に達成され，文部科学省によれば，国内の留学生総数は 2008 年当時で約 12 万人と推計される．また，初等中等教育の分野でも，「総合的な学習の時間」の導入にともない，各国・地域の文化についての学習を主とする国際理解教育が推進されている．2011 年度からは，新学習指導要領の実施に伴い，小学校高学年で「外国語活動」が必修化される．さらに，中学校・高等学校の修学旅行先も，海外を選ぶ学校が一昔前と比べ公立・私立の別を問わず増えており，「外国」はもはや，日本の子どもたちにとって身近なものになりつつある．

しかしながら，教育に限った現象ではないかもしれないが，日本の教育の「国際化」は，いまだ日本の「外」にある国・地域，そしてそこ(「外」) からやってきた人びととの「異文化」交流を前提としたものと考えられてはいないだろうか．また，国際交流活動という名称にもかかわらず，資料・情報の提供や助成金・奨学金の給付等，いわば一方通行の支援があげられていることも少なくない．主として阪神・淡路大震災以降，「多文化共生」という言葉が使われるようになってかなりの年月が経過するが，いまだその言葉が目標とされること自体，お互いの関係の「対等性」を前提とする共生が進んでいないことを示しているだろう．

一方，オーストラリアは，日本とは異なり，1970 年代以降，さまざまな国・地域からの移民・難民を受け入れ，彼・彼女らが新天地で生活する上で必要な支援を積極的に提供してきた．多文化主義政策の下，英語を母語としない移民や先住民に対しては，オーストラリアの公用語である英語の教育を提供し，また英語を母語とする人びとに対しても，国内の多様性を尊重し，異言語・異文化に対し寛容であることを求めてきた．しかし，多文化主義政策を掲げているとはいえ，オーストラリアも一「国家」であることに変わりはない．オーストラリアに住む多様な背景をもった人びとの自由を守り，かつ同時に国家としての「枠組み」を維持することは，オーストラリアにとって常に最優先の課題であり続けてきたのである．

一昔前に比べ，格段にモノ・ヒトの移動はスムーズになったが，それとともに，最近では，世界各国で政治・外交上の困難・問題が表面化している．また，インターネットを通じて，必要であれば，誰もが同時に同じ情報を得られる現代だからこそ，国家間の緊張が，個人の行動に容易に影響を与える状況にもある．このような状況下で，個人間の「対等」な関係を構築するためには，より一層の努力と寛容さとが求められる．今後，そのために教育に何ができるか，考えていく必要があるだろう．

第2章
教育行政

第1節　不安定な政権をもたらす一因

2010年8月，連邦議会の選挙が約3年ぶりに実施された．当初からの予想通り，ギラード（Gillard, J.）首相率いる労働党とアボット（Abbot, T.）が代表を務める自由党は接戦を演じた．その結果，どちらの政党も議会の過半数を獲得できず，いわゆる「宙づり議会」（hang parliament）の状態に陥った．そして，緑の党などと連携することにより，ギラードは首相として，辛うじて政権を維持することとなった．

このように，オーストラリア連邦議会が綱渡り状態を強いられたのは，なぜだろうか．今回の選挙結果により，議会制民主主義を導入している先進国の多くは，イギリスやニュージーランドを含め「宙づり状態」に陥ったといえる．つまり，与野党とも安定的な過半数がとれず，他の小規模政党と連立を組まざるを得ない状況となっているのである．

二大政党制が均衡状態に陥った理由を述べることは難しい．しかし，本章のテーマに沿って述べるならば，二大政党が掲げる「（教育）政策」が類似してきたことが一因としてあげられよう．これはホテリング効果と呼ばれ，日本においても自由民主党と民主党の政策で指摘されている[1)]．オーストラリアでも，2007年にラッド政権が誕生した時，教育分野に関して，ハワード政権との政策的な相違点は，理念上，それほど見られなかった．ただ最終目標に至る過程や手段を変更させたのみであった．

以上のような政治状況を踏まえつつ，本章ではオーストラリアにおける教育行政および政策の特色を明らかにする．そのために，第一に教育行政組織，第二に近年の教育改革動向，第三に労働党政権および保守系政権の教育政策の特色を考察する．そして，それら三点を総合的に分析し，オーストラリアにおける学校教育の将来的展望を「社会的公正」(social equity) の視点から検討したい．

ここでの「公正」概念とは，教育資源の分配の在り方を意識している[2)]．ここでは，均等な分配だけではなく，手続き上の正しさが肝要となる．正しさは，平等概念がもつ「等しさ」のみを含意しない．つまり，正しさを達成するため，社会的に不利な立場にある人びとに対して，「追加的な分配」も辞さないとの意味合いを含むのである．「不利な立場にある人びと」への支援の是非を判断する際に，当然，その時々の政治的な「価値観」が問われる．ゆえに，本章では労働党および保守系政党の教育に関する理念を分析の範疇に加えるのである．

政策文書には社会正義 (social justice) という概念も，たびたび記されている．この場合，資源の分配の平等性および手続きの正しさだけではなく，教育的な「価値意識」の正しさも含意されよう．しかし，政策上は「公正および正義」の意味を混同して利用されている場合が多く，本章では，特別な言及がない限り，これら二つの概念を「社会的公正」として論を進める．

第2節　教育行政組織の改編

オーストラリアの教育行政組織を考察する際，連邦政府と州政府（準州・直轄区を含む）の二つの段階をみる必要がある．オーストラリア連邦憲法によって，初等中等教育は州政府の管轄であると定められている．一方で連邦政府は，高等教育にのみ管轄権を有する．しかし，1970 年代初頭のウィットラム労働党政権によって，州への補助金提供を通して，連邦政府が初等中等教育に関与する契機がもたらされた．それ以降，連邦政府は財政面のみならず，教育指針の面でも学校教育に対する「介入」を続け，その影響力は無視できない．

しかし，全国的な教育目標の達成や州間の教育環境（成果）の不均衡を是正するための政策を実施する時のみ，連邦政府は初等中等教育に関与するとの前提は維持されている[3)]．そのため，連邦政府の学校関与の基盤には，学校教育における「公正」の実現をめざす理念が伝統として残っているといえる．詳細は後述するが，1970年代以降，労働党が政権を獲得するたびに，全国的な統一性が推進される傾向にある．現在（2010年）も，労働党が政権を維持しており，教育における社会的公正を重視している．以下では，社会的公正の実現を目的とした，全国的な教育組織および教育に関する取り決めの状況について概観したい．

(1)　全国組織

教育に限らず，国家の将来的な指針を決定する最高審議機関として，オーストラリア政府審議会（Council of Australian Governments：以下COAGと略）が設置されている．COAGは連邦政府首相（prime minister）および州政府首相（premier），地方政府協会代表などが構成員となり，1992年の労働党政権時に発足した．「国家規模」での重要性が認められ，各州および地方政府と連邦政府の協働的な取り組みが求められる案件を議論する組織である．それを通して，政策再編の実施を主導，推進し，それらの実施状況を監視する役割が与えられている[4)]．ただし，2007年以前は会合を年1～2回開催する程度であり，必ずしも活発な組織ではなかった．しかし，2008年以降は年4回全体会議が開催されている．この開催頻度の増加からも，労働党政権はオーストラリアとして統一性を有した政策を，各分野において求めているといえる．その中でも，教育政策や先住民政策は重点的に議論されている．

とくに国家教育指針であるメルボルン宣言の公表前には，その議論が活発化した．結果として，そこでの教育目標を達成するための財政支援の承認を

COAGの会合で得ることとなった．国家指針は過去にも二度，発表されているが，このような財政的「裏付け」を議論するのは，今回が最初である．それだけ指針内での目標の実現を，労働党政権が重視しているといえる．また，後述する全国教育合意はCOAGでの討議を通して達したものである．

COAGでの優先事項は議論されるだけではなく，その実効性が重視されている．そのために全国特定目的補助金（National Specific Purpose Payment：以下SPPと略）の他にも，全国合意（National Agreement）や全国パートナーシップ（National Partnership）を通して，連邦政府と各州政府との連携が強化されている[5)]．

教育関連に特化した全国規模の担当大臣審議会も，労働党政権時の1994年に設置されている．歴史を辿れば，1936年にオーストラリア教育審議会（Australian Education Council: AEC）が教育に関する連邦および州間連携や情報交換を目的として設置された[6)]．それが1990年代初頭に教育雇用訓練青少年問題担当大臣審議会（Ministerial Council on Education, Employment, Training and Youth Affairs：以下MCEETYAと略），2009年には教育幼年期発達青少年問題担当大臣審議会（Ministerial Council for Education, Early Childhood Development and Youth Affairs：以下MCEECDYAと略）に再編された．この編成により，連邦規模の担当大臣審議会は初等中等教育領域に加え「就学前教育」も管轄することとなった．一方で，高等教育，職業訓練や雇用は中等後教育雇用担当大臣審議会（MCTEE: Ministerial Council for Tertiary Education and Employment）に引き継がれた．これらの動きから，第一に就学前教育を全国規模で展開すること，第二に中等後教育（職業訓練）と雇用の関係の明確化を図ったといえる．このMCEECDYAもCOAGと同様に，法的拘束力よりもむしろ，大臣による政策合意（agreement）を通して，ここでの決定事項が各州で実施されることとなる．

同審議会は，その名の通り，連邦・州の担当大臣によって構成されるが，その他にもニュージーランド，パプアニューギニア，ノーフォーク島，東ティモールの担当大臣もオブザーバーとして出席することができる．ただし実質的には，担当省の上級職員（主に最高責任者）によって構成されている委員会（Australian Education, Early Childhood Development and Youth Affairs Senior Officials Committee: AEEYSOC）によって，議案が作成されている．同委員会内には，幼児教育発達や先住民教育領域など七つのワーキンググループが設置されている．

全国的な教育政策を策定する際には，COAG と MCEECDYA が連携を図ることとなる．ここでの連携とは，MCEECDYA で決定した教育方針が，実質的に COAG において追認されることを意味する．すなわち，連邦や州などの政治的な最高責任者が教育方針に同意し，それらを実施するための「お墨付き」を与えるのである．この一連の手続きにより，COAG の決定は法的拘束力をもたないが，各州や地方も，これらの方針に沿って行動しなければならない根拠が作られる．そして，それらの方針が州首相や担当大臣を通して，連邦および州の教育省に伝えられ，運用計画が策定され，地方や学校で実施される．これが，全国規模の教育方針の浸透そして具現化の過程である．このような過程は，優れた教育施策を各州がもれなく実施することを目的とし，社会的公正の実現に寄与することとなる．

次に，より教育に特化した全国組織を紹介したい．これらの組織はすべて政府系企業であり，イギリスではエージェンシー，日本では独立行政法人に相当する．

第一に，2008 年 12 月に設置されたオーストラリア・カリキュラム評価報告機構（Australian Curriculum, Assessment and Reporting Authority：以下 ACARA と略）である[7]．同組織は州と連邦によって協同で運営され，その両者からの活動資金が提供されている．ACARA の理事会（board）は，連邦や州の教育担当大臣だけではなく，カトリック教育委員会，独立学校審議会から指名された者によって構成される．つまり，さまざまな教育提供者が ACARA の運営に関与できるシステムが整えられている．しかし，設立の際の資金の出所を見ると，その大部分が連邦政府の補助金である．その分，連邦政府の発言権も大きいことが容易に予想できよう．委員会の議長は，経済協力開発機構（OECD）をへて，メルボルン大学教授を務めているマックゴー（McGaw, B.）が任命された．また最高経営責任者には国内外で行政経験をもち，メルボルン大学でも教鞭をとっていた教育行政・経営の専門家であるヒル（Hill, P.）が就任している．両者は，国際的にカリキュラム・教育評価の領域の第一線で活躍する専門家である．ACARA 幹部に，この二人が就任したことで，今後，国際的な動向に対応した教育課程政策が，迅速に実行されるであろう．

ACARA の職務は「ナショナルカリキュラムの編成」「全国的な教育評価」「全国的なデータ収集と報告システムの管理」の三つである．ナショナルカリキュラムの実施は，1990 年代以降に試みられながらも，学校現場には浸透しなかった経緯がある．現在はカリキュラム原案がネット上に公開され，幅広い教育関係者による公開協議（public consultation）が実施されている．全国的な評価は，全国学力調査を中心としてすでに実施されていたものを引き継いだ形になろう．そして何よりも，データ収集と報告システムの運用において「私の学校」ウェブサイト（My School Website）を立ち上げたことは特筆に値する．

第二に，オーストラリア・ティーチング・スクールリーダーシップ機構（Australian Institute for Teaching and School Leadership：以下 AITSL と略）を紹介する[8)]．これは，ティーチング・オーストラリア（Teaching Australia）を改編した組織である．ギラード教育大臣（当時）から AITSL に要請された職務は「教員の資質能力およびスクールリーダーシップのための全国基準と全国認可」「教員やスクールリーダーへの報賞」「専門性開発」「研究」などである[9)]．つまり，学校経営や教育実践の両面で，教員の資質向上を目的としたプロジェクトを運用する機関である．教員にとって必要な資質として「教える」技能だけでなく，学校経営上の技能も強調されていることは注目すべきである．ただし現在（2010 年 11 月）は，検討段階にあり，具体的に実施されているプロジェクトはない．AITSL の運営委員会の議長は，ACARA の運営委員会の副議長が務めており，両者の連携が重視されているといえる．

第三に，教育サービス・オーストラリア（Education Service Australia：以下ESAと略[10)]）である．これはカリキュラム・コーポレーション（Curriculum Corporation）とエデュケーション・ドット・エーユー（education.au）を引き継いでいる．ESAは，これまで以上に革新的な情報コミュニケーション技術（ICT）を駆使した教育サービスの提供を強調している．2010年3月に起業した新しい組織であるが，デジタル教育改革を推進する労働党政権にとっては，重要な役割を担っているといえる．

これら三組織の共通点は，第一に政府系「企業」であることである．もちろん，利益を重視する訳ではない．しかし，あくまでも省庁とは独立した組織である．第二に政府との関係性である．企業とはいえ，運用資金を提供しているのは連邦・州政府である．そのため，政府の教育指針に従うことが前提となる．これはそれぞれの企業の理事会には政府が推薦する理事を配置していることからもわかる．これらの企業が推進する「ナショナルカリキュラム」「教員の質向上」「ICT活用の教育サービス」はいずれも，全国教育合意で掲げられた優先領域でもある．これらの領域は，公共事業とは一定の距離をおいた企業が従事しているのである．つまり，政府の意向を反映しながらも，刻々と変化する学校現場への柔軟な対応が求められる領域の事業を政府系企業は担っているといえる．では，次に実際の公共事業として教育提供をしている組織について概観する．

(2)　連邦政府の組織

1980年代末以降，教育省は「教育」以外のさまざまな領域を管轄している．とくに，1990年代は，雇用が重視され，それに伴う職業訓練，青少年問題との関連性も強調された．これは，単に初等教育から中等後教育（職業教育および訓練を含む）だけではなく，雇用までの連続性を重視する視点からである．

ラッド政権以降は，教育雇用職場環境省（Department of Education, Employment

and Workplace Relations：以下 DEEWR と略）に再編された．これは，教育科学訓練省（DEST: Department of Education, Science and Training）を改編したものである．名称からは，より教育と雇用と職場との関連性が強化されたことがわかる．この他に，新しく「幼児教育・保育担当局」が DEEWR 内に設置されていることから，MCEECDYA の改編と連動し，就学前教育が組織の面から重視されているといえる．

就学前教育に対処するための局を新設する一方で，先住民教育に関する独立した「部局」は廃止された．ただし，各局に先住民教育の担当部門を設置している．このように幼児教育と先住民教育は，両者とも労働党政権で重視されている領域であるが，DEEWR 内での推進の手段は対照的である．

(3) 州政府の組織

各州の教育担当省の名称を比較すると，連邦政府と同じ傾向が見られる．教育と職業訓練を関連付けた名称が多く，四つの州が教育訓練省として編成されている．二つの州は，子ども，または幼児教育の名を省庁名に付している．

それぞれの州は，教育担当省の他にも教育に関連した政府組織を有している．たとえばビクトリア州では教育幼年期発達省の他，カリキュラム評価機構（Victorian Curriculum and Assessment Authority：以下 VCAA と略），子どもサービス調整委員会（Children's Services Coordination Board），子ども担当審議会（Victorian Children's Council），教職機構（Victorian Institute of Teaching）が置かれている．

他の州も，カリキュラムや教育評価に関する業務は，教育担当省と別組織を設けている．2010 年度から，ナショナルカリキュラムへの動きも加速し，なおかつ，すでに全国学力調査が実施されている．そのため，カリキュラムや評価の枠組みに関して，州の独自性を維持しつつも，全国的な共通基準との「整合性」を推進するといった調整的な役割が，今後，VCAA などには課されるであろう．では，次に連邦政府と州政府の連携の実態を，教育指針および財政面を中心に考察する.

第3節　連邦政府と州政府との連携

オーストラリアにおいて，初等中等教育に関連する連邦政府と州政府の連携は1970年代から始まっていた．しかし，協働体制を意識するよりも，連邦政府から州政府への補助金を基盤とする関係であった．1980年代後半には，補助金と教育成果の関係性に関心が及んだ．その結果，国家全体としての教育指針の必要性が求められることとなった．ここでは，オーストラリア連邦が国家全体の取り組みとして教育をどのように推進してきたのかを考察していく．

(1)　国家教育指針

ここで紹介する国家教育指針は，MCEETYA（当時）で議決され，「宣言」（declaration）として発表された．この宣言という表記からもわかるように，国家教育指針に法的拘束力はなく，教育担当大臣の合意が基盤となる．また，あくまでも指針としての性格であるため，数値目標は記載されていない．ここでは，それぞれの指針の概要および社会的公正に関する目標に焦点を絞り，紹介したい．

オーストラリア初の国家教育指針は1989年に公表された「ホバート宣言」である[11)]．ここでは全国規模の教育目標が提示され，その中にはナショナルカリキュラムや入学年齢といった，国家としての共通性を意識したが，実現には至らなかった目標も含まれている．一方で「オーストラリアの学校教育に関する全国報告書」（National Report on Schooling in Australia）の作成の義務化やリテラシー技能の重視など，その後の教育行政に影響を及ぼす目標も提示されていた．ホバート宣言では，オーストラリアの学校に在籍するすべての子どもたちに対する優れた教育（成果）を求めることが目標として前面に出されており，これは後の教育指針でも継続される．ただし，先住民や移民などの文化的な背景への配慮については，若干言及されるに留まった．

第二の教育指針である「アデレード宣言」が発表されたのは1999年である[12)]．この時期はハワード保守連合政権下であったが，国家教育指針の基本理念はホバート宣言から継続している面が多い．そこでは，①学校教育はすべての生徒の才能や能力を十分に成長させる，②八つの学習領域とニューメラシー，リテラシーなどの基礎的な技能を習得する，③学校教育は社会的に正しく（just）あるべきであるとの目標が設定された．ナショナルカリキュラムには言及されていないが，州や学校のカリキュラムに含めるべき八領域として，芸術・英語・保健体育・英語以外の言語・算数／数学・理科・社会と環境の学習・技術が提示されている．また，新しい目標として「社会的な正しさ」が求められているが，その対象として，性別・言語・文化・エスニシティ・宗教・障がい・先住民・社会経済的な背景・地理的な問題があげられている．そして，それらグループに対して「教育成果と属性に関わる負の相関関係の断絶」「学習成果の格差の是正」「アクセスや機会の公正さ」「文化の価値を理解し，認め，和解に貢献する」との目標が設定されている．ここでは成果だけではなく，文化的背景などの面からも社会的公正の実現が望まれていた．しかしこれ以降，これら目標の中でも，とくに先住民生徒と全国平均との学力格差の是正に焦点が当てられることとなる．

現在は，2008年12月に労働党政権下で公表されたメルボルン宣言（オーストラリアの若者に対する教育目標[13)]）が効力をもち，二つの大きな目標が設定されている．第一に，学校が公正（equity）と卓越性（excellence）を推進するという点，第二に，すべての若者が，成功した学習者，自信に満ちた創造的な個人，活動的で知識ある市民となる点である．公正と卓越性の両立は，国内外と学校教育との関係性に配慮した目標といえる．「公正」の対象は，アデレード宣言と比較し，ホームレスや難民そして性的性向（sexual orientation）まで範疇に入り，より多様性を意識している．ただし，先住民生徒の教育成果の向上が強調されている点は変化がない．しかし，同時に卓越性も求められており，先住民生徒にとっても，他の生徒との学力の同等性のみならず，「優れた」成果が望まれている．

メルボルン宣言もまた，他の二つの宣言と同様に，MCEETYA の審議を経て，公表されている．しかし，他の宣言と異なるのは，第一に MCEETYA と COAG との「協議」が，公表前になされている点，第二に宣言に付随する「行動計画」（action plan）で具体案を提示している点である．この二点を勘案すると，目標自体の目新しさよりも「実効性」を重視した宣言であると改めて指摘できよう．

(2)　全国教育合意（National Education Agreement）

全国教育合意は，連邦財務関係に関する政府間合意（Intergovernmental Agreement on Federal Financial Relations）の一環としてなされた[14)]．全国合意は教育の他，保健医療・労働力開発・障がい者支援・先住民支援・住居政策の領域でなされている．連邦政府による補助金は，ここでの合意目標を達成するために提供される．全国目標を設定し，それを達成する取り組みは，これまでも実施されてきた．しかし，これまでとは，厳格性と柔軟性の共存を求めた点が異なる．明確かつ測定可能な指標を設定した「厳格性」，そして，その目標を達成するためには補助金の用途は州政府が決定できる「柔軟性」である．

メルボルン宣言と全国合意は，相互に補完しあっている．「宣言」は理念上の目標である．一方で宣言にもとづいた具体的目標を設定し，それを実現するための連邦・州政府の役割分担，補助金運用のために「合意」が必要とされた．つまり「宣言」も「合意」も，国家的協働の重要性を再確認し，すべてのオーストラリアの生徒にとって優れた学校教育を推進しようとしているのである．なお，宣言は通常，10 年に一度見直されるが，合意は常に「進行中」のものであるとの認識をもち，毎年その内容が調整される．

全国合意では，① すべての子どもが学校に通い，そこから恩恵を得る，② 若者のリテラシー・ニューメラシー技能の向上，③ オーストラリアの生徒の学力が国際水準を上回る，④学校が社会的包摂を推進し，とくに先住民の子どもたちの教育的な不利益を減じさせる，⑤若者が卒業後，仕事や継続的学習への移行に成功する，との目標が設定されている．国際的な視点を有しつつも，社会的包摂を推進するという，国内外の事情にも目を向けているのが特徴である．これらはすべて「メルボルン宣言」でも言及されている領域である．

全国合意では，具体的な数値目標が設定されていることにも注目するべきであろう．たとえば，①2020年までに12年生（相当）の修了率が90％まで到達，②十年以内に読み・書き・ニューメラシーの先住民との学力格差を半減，③2020年までに12年生（相当）の修了率に関する先住民との格差を最低でも半減といったように，時限的な目標が明示されている．これらの厳格な数値目標を達成するために，各州政府は連邦政府からの補助金を柔軟に運用できる．また，所々に教育成果に関わる「数値的な証拠（根拠）」の重要性が述べられている．これは，生徒や父母（保護者），コミュニティへのアカウンタビリティだけではなく，将来的な政策再編の手助けとなることへの意義を明確に提示している．

全国合意は，「連邦と州政府の責任共有事項」「連邦政府の役割」「州政府の役割」もまた明確に記されていた．第一に，責任を共有すべき事項として強調されているのは，「国家目標および成果」の設定，遂行，評価である．具体的にはナショナルカリキュラムの開発や維持，教授水準の一貫性を有したシステム構築である．それを前提とした上で，第二に，連邦政府の役割として，「補助金の配分」「高等教育（教員養成を含む）」「優先事項を保障するための州政府との協議」，第三に，州政府の役割として，「政策策定」「サービス提供」「各学校の成果の監視と評価」などが列挙されている．

連邦政府は，財政を基盤とした最低限のインフラ整備，そして，州は教育サービスの実施と評価といった役割分担が明確になされている．これまでは，先住民教育や学力向上に関わる政策において，個別に役割分担がなされてきた．しかし，教育行政全体を勘案しつつ，両者の責任共有および役割分担を明記したのは，この全国合意が最初となる．

以上のことから，各州の多様性を認めつつ，第一に，優れた教育を提供するという共通目標を遵守し，第二に，共通の数値目標を達成することを連邦・州政府の共有責任としている．これらを通して「社会的公正」を実現しようと現在の労働党政権は認識しているといえる．

(3)　連邦政府による補助金の内訳

すでに所々で指摘してきたが，連邦政府による州政府，とくに初等中等教育への影響はその「財政力」（補助金）に起因する．そして，ラッド労働党政権時（2009年1月）に，連邦政府から州政府に提供される補助金の制度改革が実施された[15]．

それ以前は，連邦政府から州政府への補助金の中で教育領域における割合が最も大きいのは経常補助金であった．大部分の州に対する，連邦政府からの補助金の約六割はこれに含まれていた．配分額は「基準額＋生徒数（初等中等学校）」から計算される．そのため，必然的に生徒数が多い州に対しては，配分額も多くなる．これらは教職員給与やカリキュラム開発，教員研修といった，まさに経常的に必要な領域が使途として限定されていた．二番目に割合が大きいのは資本補助金であった．これは，学校施設の整備・維持・改善に用いることができる．また，教育的に不利な環境にある生徒へのインフラの整備などにも使用される．たとえば，近隣に後期中等学校がない場合，地方都市の学校に寄宿舎を整備する場合などである．その他にも，基礎学力向上をめざした補助金，文化的・言語的背景を考慮した補助金（第二言語としての英語，学校言語プログラム，先住民教育プログラム）が配分されていた．いずれにしても，2008年までの補助金は連邦政府側からその用途を限定されていたことになる．

補助金額は，2000年と比べ，2008年は約1.8倍に増加している．2007～08年の学校に対する補助金を概観すると，政府系学校には288億ドル（79.1%），非政府系学校には76億ドル（20.9%）の補助金が提供されている[16]．政府系および非政府系に在籍する生徒の割合が，それぞれ65.8%，34.2%であることと照らし合わせると，非政府系への補助は少なく設定されている[17]．この実態がハワード保守連合政権において，非政府系学校への補助の増大へと繋がっていたのである．政府系に対して91.3%は州政府，8.7%が連邦政府からの補助金である．一方で非政府系には，それとは逆に連邦政府が72.4%，州政府は27.6%を負担している．

現在，政府系の学校は全国教育合意の下で補助金が提供されている．2008年までは，学校支援法（School Assistance Act）を通して，全国の初等中等教育への補助を実施してきた．しかし政府系学校に限っては，州がサービス提供する際の連邦政府による規定を軽減し，柔軟性を増大させた．一方で非政府系の学校は，2008年に改訂された学校支援法にもとづいて配分されている．以下，2009年以降の補助金の制度改革の特色を，社会的公正の観点から考察したい．

州政府に対する一般歳入補助（general revenue assistance）は，従来通り，提供されている．これは州政府の判断で，自由に使える補助金である．ただし，これは教育領域に使用されるとは限らない．そこで学校教育への補助金にとって重要となるのが，先述の全国特定目的補助金（SPP）である．これは「保健医療」「（就学前）教育」「職業教育・訓練」「障がい者サービス」「入手可能な住居」の５領域に配分されており，人材育成に焦点が当てられている．この中でも，保健医療（112億ドル）と教育（97億ドル）は，他の領域と比して高額の補助金が配分されている．これらの補助金の使途は，それぞれ「全国合意」によって幅広く規定されている．名称は変更したが，このSPPは以前の経常補助金や資本補助金などを額面上は引き継いでいる．ただし，児童生徒数など「機械的」配分に基盤をおいてきた従来型とは異なり，あくまで全国合意にもとづいた「目的」達成のための補助金である．

SPPよりも目的を特定化したのが全国パートナーシップ（National Partnership：以下NPと略）の補助金である．SPPが特定領域への補助金である一方で，NPは全国規模の改革推進を目的とした特定プロジェクトに対する時限付の補助金提供である．これはすべての州への一律補助金ではなく，実施計画が承認された州のみ受給可能となっている．教育領域のプロジェクトは「デジタル教育革命」「就学前教育」の他，「教員の質向上」「基礎学力」「社会経済的に低い背景にある学校コミュニティ」など多岐にわたっている．この他に先住民領域において「就学前教育の格差是正」が含まれている．これらのプロジェクトには，それぞれ全国合意とは別の「合意文書」が交わされ，それに伴った数値目標が記載されている実施計画を各州は作成している．

州政府への教育関連の補助金は，年々増加している．その点ではラッドおよびギラード労働党政権が，政策上の優先事項として教育を掲げていることが理念倒れではないことを額面上では示している．では，このシステム変更は今後の補助金配分における連邦・州の関係性にどのような影響を及ぼすのであろうか．確かに補助金額は増加している．その一方で，その額は生徒数の規模に応じて補助金が「平等」に配分されていた時期と実質的に大きな変化はない．しかし，補助金配分を決定する基準が「生徒数」から「目標達成」へと理念上は変化している．この点で補助金配分が単なる「平等性」重視ではなく，実質的な「公正」へと舵がきられたといえる．ただし，ここでの公正さには補助金の投入（input）ではなく，そこから何が生み出され，成果（output）が残されるか否かが重視されている．現状の課題克服だけが目的ではなく，将来的な目標達成も視野に入れていることは注視しなければなるまい．つまり，単に不利な環境にある地域やグループに補助金を傾斜配分し，特別プログラムを実施することだけを念頭に置いているのではない．そこでの成果を求め，格差を是正することが求められているのである．

第４節　二大政党が提示する教育政策

ここまで，教育組織および全国的な教育目標を，社会的公正の観点から分析してきた．本節では，これまで述べてきた内容を，二大政党が提示してきた教育政策の観点から分析したい.

(1) 1970年代～80年代中頃

ここでは，連邦政府が初等中等教育に関与する実質的な契機をもたらしたウィットラム労働党政権から話を始める．同政権は社会民主主義を基盤とし，「機会の平等」を幅広く捉え，不利な状況にある学校への支援を充実させた．初等中等教育の実情を踏まえる上で，全国的な調査を実施し，この報告書が「カーメル報告」(Karmel Report) と呼ばれ，その後の教育政策に大きな影響を及ぼした．ここでは不利な状況にある学校とは，遠隔地域に位置する学校だけではなく，社会経済的に不利な立場の人びとが周囲に多く居住している学校，先住民や英語を母語としない生徒が多く在籍している学校が含まれていた.[18)]

この時期は，特定の目標の達成をめざした政策よりもむしろ，幅広い領域を網羅した包括的な支援政策が多かった．そして，それらを運用する補助金を管理するためにオーストラリア学校委員会 (Australian Schools Commission) が設置された．そこで決定された支援政策が「不利な状況にある学校支援プログラム」(Disadvantaged School Program) であった．このプログラムは，支援内容が包括的すぎて，実際の成果がみえにくかった．しかし，全般的には成果をさほど意識していなかったため，幅広い領域に財政的支援が提供された．結果として，それ以降，重要性が増していくさまざまなプログラムが発展するための「種まき」がなされた.

オーストラリア総督からの突然の解任によって，1975年政権交代が行われたが，その後のフレーザー自由党政権も教育政策に関していえば，ウィットラム政権の基本方針を継承した．もっとも，保守系の政権下では，私立学校への補助が手厚くなる傾向がある．この点では，フレーザー政権も例外ではなった．しかしそれでもなお，ウィットラム政権から継続した事項は多かったといえよう．労働党政権と自由党政権の継続性が教育領域で見られるのは，これがはじめてのことではない．先述の通り，国家的事業として「教育」を本格化したのはウィットラム政権であるが，すでに1960年代後半のゴートン自由党政権の先住民支援などにその端緒を見ることができる．

(2)　1980年代後半～2000年代中頃

1983年には，フレーザー政権からホーク労働党政権に政権が交代する．ここから，1991年にはキーティングが首相に就くものの，1996年まで労働党政権が継続することになる．このホーク政権時に，教育担当大臣であったジョン・ドーキンス（Dawkins, J.）の下，オーストラリアの教育政策は大きな転換点を迎える．それは，第一に全国的な統一性を求める動きである．既述の通り，オーストラリアではじめての国家教育指針（ホバート宣言）が公表されたのは，ホーク政権下（89年）である．教育指針と同時に，ナショナルカリキュラムの策定にも動き出したが，これは結果として浸透せずに終わった．また，MCEETYAやCOAGなど全国組織が設置されたのも同時期である．さらに，女子教育や先住民教育など，個別の教育領域に関しても，1980年代後半には全国的な政策が策定・実施された．

第二に，教育成果への関心が高まった点である．義務教育後の後期中等教育への生徒（とくに先住民）の残留率に関連する数値目標が設定された．先住民教育政策を例にすると，全国政策（policy）を実施するための具体的計画として戦略（strategy）が策定された．ここには数値目標やそれに伴う到達スケジュールが設定されていた．これは，財政的に緊迫していたという時代背景もあり，補助金に関してもより効率的な運用を求め，それらに対するアカウンタビリティ意識の芽生えともいえる．しかし，ただ成果を追求しただけではなく，成果を残したのもホーク政権の特色であった．たとえば，12年生への残留率（retention rate）は，1982年には35.3%であったが，1992年には77.1%と二倍以上に上昇している[19]．このように「可視的」に教育成果が向上したのは，後にも先にもホークとキーティング政権時のみである．

1996年からのハワード政権は，労働党政権下の教育政策を「最低限」継承しつつも，成果やアカウンタビリティに関連する政策を本格化した．その代表例が，1990 年代中頃から実施された学力調査であろう．これはリテラシーやニューメラシーなど，測定可能な成果を浮き彫りにしただけではなく，連邦政府による補助金支給とそのアカウンタビリティに対する関係性を明確化した．たとえば，先住民教育に関する補助金では，連邦政府と州政府の教育上の合意（契約）を交わすようになる．「文章上」では，合意で取り決められた目標が達成できなければ，補助金の減額もありうると記載された．これにより，州教育省側に徐々に圧力をかけることとなる．

1990 年代～ 2000 年代初頭までの教育政策を概観すると，労働党政権と保守連合政権間の「継続性」をみることができる．つまり，成果と補助金の費用対効果に関わる基盤をホーク政権が構築し，それをキーティング労働党政権とハワード保守連合政権が維持発展してきたという構図である．

(3) 2000 年代中頃～現在

2007 年末，10 年以上続いてきたハワード政権が終わりを告げ，ラッド労働党政権が発足した．同時に後年（2009 年），ラッドを引き継ぎ，オーストラリアで初の女性首相に就任することになるギラードが，副首相兼教育大臣に任命された．ラッド首相の側近が教育担当の大臣に就任したことは，この政権が教育を重視していることを強調することとなった．労働党政権は，1990 年代からの成果主義とアカウンタビリティの関係をさらに推進した．その象徴として，全国学力調査の学校ごとの成績をインターネット上に公開した「私の学校」ウェブサイトを 2010 年から開設した．このサイトでは調査の結果だけではなく，社会経済的に類似した環境にある学校を比較できるなど，工夫がなされた．具体的には，「遠隔地域にあるか」「先住民の生徒の割合」が明示されていた．この取り組みは，成績公表による二つの効果（競争主義とパートナーシップ）のバランスをとることを意図した．しかし，全国学力調査と「私の学校」ウェブサイトに対する教員の反発および負担感は顕在化している[20)]．ここでの教育政策は，国内の学力格差是正の問題と同時に，学校教育の卓越性など国際競争力の向上を同時に施行している．

以上のことから，オーストラリアでは二大政党による政権交代が起こったときも，それぞれの政党の政治的理念に則った劇的な変化よりも，むしろその時代背景に対応した継続性・共通性の方が多くみられる．2010年8月，新たな連邦議会選挙が行われた．本章の冒頭でも述べた通り，二大政党のいずれも過半数に達することができず，まさに宙づり状態で，両党とも政権獲得をめざさなくてはならなくなった．ここでは最後に，二大政党がどのような教育に関する公約を掲げて，選挙戦を争ったのかを紹介したい．

まず，最終的には勝利した労働党の公約である[21)]．ここでは「すべての学校がすぐれた学校に」をスローガンとしていた．具体的な公約は，次の三つに分類された．すでに進行中とされたものには「学校における教育成果の全国的な透明性」「ナショナルカリキュラム」「教員の全国基準」が含まれていた．また，公表済には「校長により多くの自律性を与え，地元の学校の権限を向上」「全国的な技能基準と見習い制度（national trade cadetship）」がある．そして，新公約としては「オンラインの診断手段を用いた父母・生徒・教員の支援」「優れた活動を成し遂げている学校に対する表彰」「国際的に通用する国家資格：オーストラリアン・バカロレア」「優れた教員への報奨金」が提示されている．新公約のうち三つは，いずれも直接的に教育現場を支援することが目的である．その点で，労働党の支持母体の一つである教員組合を意識した公約内容であることを差し引いても，2007年末以降，継続してきた労働党政権下の教育政策が全国的な枠組みの構築を終了し，実際の学校や教員の環境改善という最終段階に入ってきたといえる．

なお，先住民教育に関しては，一言も公約には含まれていない．ラッド政権時には，先住民に対して連邦政府としてはじめて公式謝罪するなど，この領域に関しては関心があるのが労働党政権の特色でもあった．しかし，第二次ギラード政権をめざす選挙公約では，人口の約2％にすぎないからであろうか，先住民に関する教育公約は含まれていなかった．

一方，接戦には持ち込んだものの，政権奪取には至らなかった保守系連合の公約では，当然ながら，ラッドとギラード政権下の教育政策を批判している[22)]．とくに「教育革命の構築（Building the Education Revolution）」計画が，納税者にとって最大の浪費であるとしている．そこでの補助金を州教育省ではなく，各学校に直接，提供できるシステムを構築するとしていた．そして，どの施設設備を必要としているのか，生徒への教育を推進するためにどのような支援を必要としているのかを，学校自らが決定する自由を与えるとした．それによって，それぞれの学校が，財源をより価値のあるものとして，利用できるとの考えを示している．

野党である保守系連合が労働党を批判することは当然であろう．しかし，そこで展開されている公約は，若干の相違点があるものの，意外なほど類似している．とくに，補助金運用などの面で，学校の自律性を推進するという公約は，両党とも主張している事柄である．

第5節　教育行政・政策における社会的公正

最後に，社会的公正の観点から，オーストラリアにおける教育行財政と政策の整理をしたい．まず教育行政組織および教育政策であるが，COAGやMCEECDYAのように，全国的な指針を決定する役割を担う全国組織が活発化している．これは，オーストラリアに居住するすべての若者が「等しく」優れた教育を享受することを目的としている．また，組織改編や教育政策では，教育成果の格差を是正するために，とくに先住民教育において，就学前教育を重視している．つまり，教育成果の格差是正を目的とした，アクセスの平等性が社会的公正を考える上で鍵となろう．これは，1970年代以降，変化していない理念ともいえる．しかし，こうした公正理念が，卓越性と重なりあい，国際競争力をもその視野に入れているのが近年の特色といえよう．

教育財政は，就学者数に応じて分配されてきた補助金が，少なくとも理念上は，教育目標を実現することを唯一の目的として変化した．つまり，形式上の均等分配よりも，実質的な教育目標（成果）の達成のための公正な分配を重視するようになった．この点でも，成果を基盤とした社会的公正が求められているのである．

以上のことを踏まえて，近年の動向を全般的に分析すると，オーストラリアが「国家」としての統一性を推進しているのは，一目瞭然である．これは，州間の学力や教育プログラムの差をなくし，「オーストラリアのすべての若者が，世界水準の優れた教育を受ける」ことをめざしている．つまり，優れた教育へのアクセスという「教育の質」を前提とした公正さを求めているのである．しかし一方で，実際の教育補助金の運用面では，州政府の柔軟な対応が認められている．加えて，労働党と保守連合両者の公約には，学校の自律性の拡大も含まれていた．その点で，新政権の政策的意図のみならず，学校教育のトレンドとして「統一性」と「柔軟性」の間の舵をバランスよく操縦することを余儀なくされているともいえる．しかし，「私の学校」ウェブサイトなど成果を強調するプロジェクトの運用方法によっては，いつそのバランスが崩れるかわからない危うい状況ともいえる．いずれにしても，今後は，これまで以上に予想が困難な学校教育動向になるであろう．

注)

1）小峰隆夫『政権交代の経済学』日経BP社，2010年．

2）たとえば，宮寺晃夫『教育の分配論：公正な能力開発は何か』勁草書房，2006年やケネス・ハウ（大桃敏行他訳）『教育の平等と正義』東信堂，2004年を参照のこと．

3）たとえば，Marginson, S., *Educating Australia: Government, Economy and Citizen since 1960,* Cambridge University Press, 1997の第八章を参照のこと．

4）Council of Australian Governments.（http://www.coag.gov.au/：2010年10月24日アクセス確認）

5）Ministerial Council for Federal Financial Relations.（http://www.federalfinancialrelations.gov.au/：2010年10月24日アクセス確認）

6）石附実・笹森健編『オーストラリア・ニュージーランドの教育』東信堂，2001年，p.27.

7）Australian Curriculum, Assessment and Reporting Authority (ACARA), *Annual Report 2008–2009,* 2009.

8）Australian Institute for Teaching and School Leadership.（http://www.aitsl.edu.au/ta/go：2010年10月24日アクセス確認）

9）Gillard, J., *Australian Institute for Teaching and School Leadership Limited: Letter of Expectation 2009–2010,* 2009.

10）Education Services Australia.（http://www.esa.edu.au/：2010年10月24日アクセス確認）

11）Australian Education Council, *The Hobart Declaration on Schooling,* 1989.

12）MCEETYA, *The Adelaide Declaration on National Goals for Schooling in the Twenty-First Century,* 1999.

13）MCEETYA, *Melbourne Declaration on Educational Goals for Young Australians,* 2008.

14）Council of Australian Governments, National Education Agreement, 2008.

15）Commonwealth of Australia, *Budget Paper No. 3 (2008–09),* 2008.

16）Australian Government, *Fact Sheet for Review of Funding for Schooling (How much funding do schools in Australia receive?),* 2010.

17）Australian Government, *Fact Sheet for Review of Funding for Schooling (How many school students are there in Australia?),* 2010.

18）Karmel, P., *Schools in Australia: Report of the Interim Committee for the Australian Schools Commission,* 1973.

19）Ryan S. and Bramston, T. (ed.), *The Hawke Government: A Critical Retrospective,* Pluto Press, 2003, p.192 (table 4).

20）たとえば，Patty, A. "Fears schools may cheat to improve test performance", *Sydney Morning Herald,* May 4, 2010.

21）Gillard, J. and Labor, *School Reform: Making every school a great school,* 2010.

22）Liberal and the Nationals, *The Coalition's Real Action Plan to Stop Labor's School Hall Waste and Provide a Schools Building Boost,* 2010.

コラム②

オーストラリアから見た日本の教育行政

日・豪の教育行政は多くの面で異なる．頻繁に指摘されるのは，中央集権型か地方分権型かの相違である．オーストラリアでは，各州政府が初等中等教育を管轄している．文部科学省が中核を担う日本とは異なり，各州政府の教育省が，その地域特性にもとづき教育を実践している．しかし，近年，オーストラリアでも全国学力調査やナショナルカリキュラムといった全国的な統一性をもつ教育政策が実施されている．これらの動向は，国の将来を託す子どもたちの教育に行政機関が責任を求められるという世界的潮流と軌を一にする．ここでは，全国的な統一性と教育成果の向上とを同時に指向する全国学力調査に視点を当てて，日・豪の教育行政を比較したい．

2008 年の全国学力調査以降，オーストラリアの子どもたちは「全国共通問題」により評価されるようになった．それ以前は，各学年で到達すべき共通の「最低基準」をもとに，各州が独自の試験問題を作成していた．そのため，学力に関する全国的な傾向および州間格差を把握する上でその妥当性に疑問が提起されてきた．しかし，それは各州の特性に配慮した結果でもあった．これは，学力調査の開始当初から，北海道から沖縄まで共通問題を実施してきた日本とは異なる．日本では学力調査の実施や参加の是非は問われてきたが，地方ごとの差異への対応に関して議論されたことはない．一方，オーストラリアは地方特性への配慮を減じてまでも，全国的な統一性への舵を切ったといえる．

調査対象となる領域は，日・豪両国ともに言語技能（国語）および数的技能（算数・数学）と共通しているが，対象者となる子どもたちの範囲は異なる．オーストラリアでは，３・５・７・９年生のすべての子どもたちが調査に参加しなければならない．一方，日本では，開始当初は悉皆（しっかい）調査であったものの，2010 年度から小学校６年生，中学校３年生の約 30%が参加する抽出調査となった．オーストラリアは，全国傾向だけではなく子ども個人の学習到達度および発達段階を把握するための調査を二年ごとに実施している．そして，担当教員もこれらの情報をもとに，子ども一人ひとりの指導計画を練る．つまり，教育実践に学力調査の結果を反映させる道筋が明確にある．一方，日本では，学力調査を通して把握すべき対象が学力に関する全国動向なのか，各学校・子ども個人の動向なのかが明確に議論されずにいる．その点で，どのような情報を必要とし，政策にどのように活かすのかの方向性は不明瞭である．

現在，日・豪両国で世界の学力最上位国と同等の学力水準を維持することが国家的な目標とされている．しかし，学力向上に向けたプロセスは異なる．学力調査の結果と学力向上政策の整合性については，専門家の評価を待たねばなるまい．しかし，学力向上政策の方向性に国家としての「信念」が反映されているのかに審判を下すのは，他でもない国民であることは間違いないだろう．

第3章
学校経営

第1節　本章の目的

(1)　問題の背景

オーストラリアの学校経営（公立学校に限定）を振り返ると，４つの時期に区分できる．

第一期は，1960年代までである．当時，各州で中央集権的教育行政が展開しており，カリキュラム編成，人事運営，予算編成に関する各学校の裁量は乏しかった．広大な国土をもつオーストラリアでは，集権的な教育行政によって，共通の教育を維持しようとしたのである[1]．

第二期は，1970年代から1980年代である．1972年以降，連邦政府の方針を背景に，各州・直轄区でカリキュラム編成に関する権限が学校に委譲され，学校に基礎をおいたカリキュラム開発（School-Based Curriculum Development: SBCD）が推進された[2]．この背景として，多民族化等，学校への教育ニーズが多様化しており，学校で柔軟にカリキュラムを編成する必要が出てきたことがあげられる．

第三期は，1990年代から2000年代中葉である．1993年以降，ビクトリア州で，学校教育の効率性をめざして，自律的学校経営（Self-Managing School）が導入された[3]．自律的学校経営とは，教育政策とアカウンタビリティ・フレームワーク（Accountability Framework）の枠内で，教育課程編成，人事運営，財務運営に関する権限が委譲された学校経営である．ここで，アカウンタビリティとは，校長が，学校経営の結果について保護者・教育行政に説明し，納得が得られない場合，責任をとることである．その後，各州・直轄区で，ビクトリア州ほどではないが，学校の裁量が拡大されていった．

第四期は，2000年代中葉から現在である．州レベルでは学校経営システムが刷新され，全国レベルではテストが重視されていった．2008年に，３学年，５学年，７学年，９学年の生徒を対象に，リテラシーとニューメラシーの全国到達度評価プログラム（以下，全国学力調査と略）(National Assessment Program - Literacy and Numeracy: NAPLAN）が導入された．さらに，2010年に学校成果の透明化（School Performance Transparency）を断行した．学校成果の透明化とは，各学校の全国学力調査のデータ等をウェブで公表することを意味する．

自律的学校経営は1990年代にオーストラリアの教育界に新風を吹き込んだ．「自律的学校経営には，リソースの配分に関して決定を行う権限と責任を，大幅かつ一貫して学校レベルに与えている．ここで，リソースとは，幅広く，カリキュラム，人事，財務，設備に関する事柄を含んでいる[4)]」からである．だが，前述の時代区分における第四期，とくに2010年代を迎えて，自律的学校経営は時代の奔流に押し流されている．全国規模のテストの重視によって，学校経営へのプレッシャーが高まったからである．

今日の教育改革の動向について，クイーンズランド工科大学教授のクレノスキー（Klenowski, V.）は，オーストラリア教育学会（Australian Association for Research in Education）大会の基調講演で，「能力，競争，コントロール[5)]」がキーワードであり，「グローバル経済の沈滞と競争の時代において，現在のオーストラリアでは，アカウンタビリティが大きな位置をしめようとしている[6)].」と述べている．自律的学校経営は，どのように変容し，どのような課題を抱えているのだろうか．今後，どこに向かっていくのだろうか[7)].

(2) 本章の目的

1993年以降，ビクトリア州では他州・直轄区に先駆けて自律的学校経営が導入された．学校の裁量が拡大され，アカウンタビリティのメカニズムも構築された．ビクトリア州の自律的学校経営は，学校経営計画の重視，学校の主体性を尊重した評価システム，市場原理の抑制を特徴としていた[8]．その後，他の州・直轄区でも，ビクトリア州ほどではないが，学校裁量の拡大が進められていった．2000年にビクトリア州で公表された報告書『公教育―次の世代へ』（Public Education: The Next Generation）は「これまでビクトリア州で導入された自律的学校経営は成功した革新であり，今後の発展の柱石を構成するものである[9]」と述べている．

しかし，その後，課題が錯綜するようになった．第一に，子どもの発達に関わる教育問題が高度化・複雑化したため，学校経営と教育実践が困難になってきた．第二に，学校経営を担う校長が多忙になり，そのストレスが増加していること，校長職自体の人気がなくなってきていることが指摘されるようになった[10]．第三に，連邦政府は，後述するように，2010年に「私の学校」ウェブサイト（My School Website）によって学校成果の透明化を断行した．その結果，学校へのプレッシャーが高まるようになった．

こうした状況を受けて，2000年代中葉以降，学校経営改革の動向に疑問を呈する論調が，校長会はもとより研究者の間でも，示されてきた．とくに，「私の学校」ウェブサイトが提案されてからは，その傾向が顕著になってきた．つまり，近年の現地の先行研究は，学校経営をめぐる情勢を一つの方向で括り，主張を展開する傾向がある[11]．すなわち，いわゆる「新しい官僚制」の中で，アカウンタビリティが強く要求され，学校へのプレッシャーが高まり，校長職の創造性が低下していると論じられている．

筆者は，このような論調に必然性を感じながらも，疑問をもっている．というのも，オーストラリアのアカウンタビリティ・フレームワークの中には先進的な革新を遂げているものもあるからである．アカウンタビリティ・フレームワークとは，学校経営計画と学校評価に関するガイドラインを体系化したものであり，学校の経営サイクルの展開と質保証を意図している．これはOECD

の報告書でも，高く評価されているのである[12]．したがって，むしろ，自律的学校経営をめぐって，光と影の両面を捉えていくことが必要であろう．本論は，以上の問題意識から，オーストラリアにおける自律的学校経営の変容過程，課題，将来展望を解明する．第２節では，自律的学校経営について先駆的に導入したビクトリア州を主な対象とする．第３節では，連邦政府が主導した学校成果の透明化を中心に論じる．

第2節　ビクトリア州における自律的学校経営の導入と革新

(1)　自律的学校経営の前史――1980 年代――

1980 年代，オーストラリアでは学校に基礎をおいたカリキュラム開発が全国的に推進されていた．そして，ビクトリア州の学校はカリキュラム編成の裁量をもつようになった．ただし，教員人事・学校財務は州の教育省によって管理されていた．当時の学校経営は，カリキュラム編成の裁量が拡大されていたが，生徒の学習成果に焦点づけられていなかった．教育省は学校経営計画の策定や学校評価の実施を義務化しておらず，学校自己評価のガイドラインも策定していなかった．

一方，理論的には，学校経営の方法論を体系化する動きが見られた．コールドウェル（Caldwell, B.）とスピンクス（Spinks, J.）は『自律的学校経営をリードする』（Leading the Self-Managing School, Falmer, 1992）を刊行した．そして，学校審議会（校長・副校長・教員代表・事務職員代表・保護者代表・地域住民代表から構成される学校の意思決定機関）と校内組織（教職員による校務分掌）が役割を分担し，学校経営サイクルを展開することを提唱した．まず，学校審議会がチャーターの原案を策定し，教育行政との同意を得る．チャーターは教育行政と学校の意思決定機関が同意した３～５年間の学校経営計画である[13]．次に，チャーターにもとづいて，学校経営と教育実践が展開され，学校評価が行われる[14]．学校自己評価は，学校審議会と校内組織（学校自己評価委員会）が共同で実施する．さらに，３～５年毎に第三者評価を受けることが適当とされている[15)]．なお，同書で提案されたチャーターは，閉校措置を伴うものではない．この意味で，オーストラリアのチャーターの意味は，アメリカのチャータースクールのチャーターとは異なっている[16)]．

この学校経営の方法論で，「学校評価が先にありき」ではなく，学校経営計画が端緒に位置付けられたことは注目に値する．学校経営計画が中心に位置づき，その実施状況を点検するために，学校評価が導入されたのである．本論では，これを「計画中心の PDCA サイクル」と呼ぶことにする．この考え方は，1990 年代のオーストラリアの学校評価システムに影響し，2000 年代の革新につながっていった．

これは一見当然であるが，重要な含意を有している．1990 年代にイギリス（イングランドとウエールズ），ニュージーランドでは，学校第三者評価が中軸に位置づけられ，その結果，校長・教頭・教員は評価のプレッシャーやカリキュラムの創造性の制約に苛まれることになった．この反省から，2000 年代以降，イギリスで学校改善計画（School Improvement Plan）と学校自己評価（School Self-Evaluation）が制度化され，ニュージーランドで支援的な学校評価が推進された．しかし，筆者がさまざまな機会に国際比較を試みたところ，イギリスとニュージーランドには今なお「評価主義」の文化が残存しており，その結果，「評価中心の PDCA サイクル」になっている印象を受けた[17)]．イギリスの影響を受けた日本でも結果は同様である．オーストラリアの「計画中心の PDCA サイクル」は，創造的な学校経営を推進するものであり，日本の現状を変えるための視点になるだろう．

(2)　自律的学校経営の導入――1990 年代――

1980 年代末，ビクトリア州では経済不況の影響を受けて，優秀な人材育成への要求が高まった．そして，教育の質や学力に対する懸念や批判が広がった．このような背景の下，1992年の州議会選挙で政権交代が起こり，自由党・国民党連立政権が発足した．1993年以降，「未来の学校」(Schools of the Future) という教育改革が実施された．これは，自律的学校経営の導入によって，既存のシステムと実践を大きく変えるものであった．カリキュラム編成，人事運営，財務運営に関する学校裁量を拡大し，同時に，アカウンタビリティ・フレームワークを導入した．アカウンタビリティ・フレームワークは，チャーターと学校評価から構成されている．チャーターは，校長，学校審議会会長（通常，保護者代表），地方教育行政事務所長の三者の同意によって有効となる３年間の学校経営計画である[18]．チャーターの実施局面では，校長のリーダーシップ発揮が期待される．

筆者は1996年にビクトリア州教育省学校評価局を訪問し，アカウンタビリティ・フレームワークの政策形成過程について聞き取り調査を行った．その答は「最初，チャーターという概念しかなかった．チャーターを機能させるために，どのような仕組みが必要かという議論を行い，学校評価がつくられた[19]．」というものであった．つまり，政策形成においても「計画中心のPDCAサイクル」という考え方がとられた．この背景として，コールドウェルとスピンクスの『自律的学校経営をリードする』にもとづいて，「未来の学校」の政策が形成されたことを指摘できる[20]．

「計画中心のPDCAサイクル」の発想にもとづいて開発されたアカウンタビリティ・フレームワークは次の通りである[21]．まず，学校はチャーターを策定する．チャーター実施の１年目と２年目に自己評価が行われる．これは学校年度報告（School Annual Report）と呼ばれている．３年目は，３年毎の学校評価（Triennial School Review）が行われる．これは，学校自己評価（School Self-Evaluation）と第三者評価から構成されている．第三者評価の目的は学校自己評価報告書の妥当性の検証と助言である．学校評価の基準としてベンチマークが設定されている．多くの第三者評価者は退職校長等である．ここで，二点考察しておきたい．

第一に，教育省内の学校評価局が，第三者評価の全般的な運営を行っており，結果的にいわゆる「評価主義」を回避している．これは，学校第三者評価を担うイギリスの教育水準機構（Office for Standard in Education: OFSTED）やニュージーランドの教育評価機構（Education Review Office: ERO）が教育行政とは別個の機関であることと対照的である．一時，日本でも安倍内閣の時に学校第三者評価機関の必要性が議論された．しかし，第三者評価機関が独立し一定の権限が与えられると，組織の生存欲求によって影響力の行使が促され，意図的ないし無意図的に権力的になり，過剰に「評価」が強調されてしまう．学校経営サイクルの自然な流れ，それにもとづいた管理職の思考と創造性を尊重するために，独立した第三者評価機関を設置しないという方途もありうるだろう．オーストラリアのシステムは，「学校第三者評価機関の設置が学校経営にとって本当に良いことなのか．」という問いを投げかけている．

第二に，オーストラリアでは，年金制度を背景に第三者評価者の確保が可能になっている．第三者評価を完全実施するためには，校長職を経験した多数の力量の高い評価者が必要である．第三者評価者の確保をめぐって，退職年金基金（superannuation）の受給が55歳から可能になっている点が重要であろう[22]．60歳以前に退職する校長は少なからずおり，彼らが第三者評価者にパートタイムで雇用されている．つまり，オーストラリアでは，第三者評価制度は年金制度と関連しているのである．日本で学校の第三者評価を構想する場合，他の社会制度の影響を検討しておくことが必要だろう．

(3)　自律的学校経営の革新——2000年代——

1990年代末の調査によると，ビクトリア州の校長は，自律的学校経営とアカウンタビリティ・フレームワークが学校経営の改善に効果的であると考えていた[23]．ところが，その後，アカウンタビリティ・フレームワークに対する不満が学校側から出されるようになった[24]．

第一に，アカウンタビリティ・フレームワークのサイクルへの不満である．

チャーターは有効期間が３年間であるため，３年目はチャーター実施の仕上げの時期にあたる．しかし，現実には３年目に，実践の仕上げだけでなく，学校第三者評価を含む３年毎の学校評価を実施し，さらに新しいチャーターを策定しなければならない．そのため，３年目に業務が集中し，その時期に学校がかなり多忙になることが問題点とされた．

第二に，チャーターへの「慣れ」が生じ，同時に，チャーターのフォーマットへの不満が現れた[25)]．チャーターは1990年代中葉に各学校で策定された．当初，チャーターは新鮮に受け止められ，各学校はその作成に熱心に取り組んだ．しかし，何度かチャーターを作るうちに，校長・教頭・主任以外の教員は「自校のチャーターを読んだことがない」というケースも現れた．同時に，チャーターのフォーマットが網羅主義的・静態的であるとの不満も出されるようになった．

第三に，３年毎の学校評価における第三者評価への「マンネリ化」に対する不満が出されるようになった[26)]．一回目の第三者評価は，どの学校もはじめての経験であり，新鮮で刺激的なものとして受け止められた．しかし，二回目以降，校長は，前回と同じような指摘が再び示されたとの印象をもつようになった．そして，「第三者評価者からの指摘が一般論である．」「学校がすでに分かっていることの指摘に終始した．」「すべての項目に対する肯定的な意見が出された．」と考えるようになった．

1999年の州議会選挙で政権交代が起こり，労働党政権が発足した．新政権は，新しい学校経営システムの構築を意図していた．そして，2003年の答申「公立学校のための青写真」(Blueprint for Government Schools) にもとづいて，2005年に，従来のアカウンタビリティ・フレームワークが，アカウンタビリティ改善フレームワーク (Accountability and Improvement Framework) に改革された[27)]．新しく導入されたシステムは次の通りである．

第一に，アカウンタビリティ改善フレームワークは４年サイクルとなった．最初の３年間に計画の実施に専念し，成果をあげる．最後の４年目も引き続き

表3—1　学校戦略プラン

学校プロファイル	
目　的	
価　値	
環境と文脈	

戦略的意思			
	目　標	到達度	重点改善戦略
生徒の学び			
生徒の居場所と福利			
生徒の進路と接続			

指標の設計			
重点改善戦略	行　動		達成のマイルストーン（実践と行動における変化）
	1年目		
	2年目		
	3年目		
	4年目		

出所）Department of Education and Early Childhood Development, *Guidelines for School Strategic Planning 2009,* 2008, pp.6-7.

計画を実施する．だが，管理職等は，4年目の1年間は，学校自己評価の実施，第三者評価の対応，新しい経営計画案の策定に多くの時間をつかえるようになった．

第二に，チャーターが学校戦略プラン（School Strategic Plan）に変更された．学校は4年間の学校戦略プランの策定が義務づけられている．学校戦略プランは大きく分けて学校プロファイルと戦略的意思から構成されている（表3—1）．学校プロファイルの項目は，学校の目的，価値，環境と文脈である．戦略的意思の領域は，生徒の学び，生徒の居場所と福利，生徒の進路と接続（進学・就職等）である．各領域の未来図として，目標，到達度，重点改善戦略が描かれる．重点改善戦略に関しては，別途，指標が設計される．学校戦略プランは，校長，学校審議会代表，地方ネットワークリーダー（Regional Network

表3―2　年度実施計画

戦略的意思			
	目　標	到達度	1年間の到達度
生徒の学び			
生徒の居場所と福利			
生徒の進路と接続			

実　施					
重点改善戦略と重要なプロジェクト	何を（行動：進歩するための活動，プログラム）	どのように（リソース：予算，設備，IT，学びの時間と空間）	誰が（実施に責任を持つ個人またはチーム）	いつ（完了する日，週，月，学期）	達成のマイルストーン（実践と行動における変化）
1					
2					
3					

出所）Department of Education and Early Childhood Development, *Annual Implementation Planning Guidelines 2009,* 2008, pp.6-7.

Leader）（地方教育行政の学校経営指導主事）の同意と署名を得て有効となる．

第三に，各年度の年度実施計画（Annual Implementation Plan）の策定を義務化した．年度実施計画のフォーマットは，「何を，どのように，誰が，いつ」を意識し，ストーリーテリングにもとづく組織変革を促進するものになった（表3―2）．年度実施計画は，学校審議会代表と地方ネットワークリーダーの同意と署名を得て有効となる．

第四に，3年毎の学校評価（Triennial Review）は，学校自己評価（School Self-Evaluation）とスクールレビュー（School Review）（第三者評価）に変更された．学校自己評価とスクールレビューの評価領域は，生徒の学び，生徒の居場所と福利，生徒の進路と接続である．

評価領域のうち，生徒の学びと生徒の進路と接続はデータにしやすい部分である．教育専門家の今日的関心は，生徒の居場所と福利をどのようにデータにするかであろう．生徒の居場所と福利は，ビクトリア州では，学校態度調査

(Attitudes to School Survey) でデータとなり，学校評価に活用されている.[28] これは，準備学年から12学年の生徒の意見を数値化したものであり，生徒の福利，教えと学びの質，生徒の人間関係から構成されている．その観点は表3―3の通りである．生徒の居場所と福利の確保が学力向上の第一歩であることを考えれば，学校態度調査は日本の政策と実践に対してきわめて示唆的である．

各領域のデータは次の問いを通して検討される．「①学校はどのような成果を達成しようとしていたのか？　②学校はどのような成果を達成したのか？　③学校はなぜ成果の改善を達成できたのか，できなかったのか？　④学校は，成果の改善を達成するために，どのようにリソースを活用したのか？　⑤学校は，将来も改善を続けるために，何をできるのか？」[29] このような問いかけ方式の学校評価は教職員の省察を促すものである．

スクールレビューは，学校自己評価に引き続いて行われる第三者評価であり，学校自己評価の妥当性の検証も含めて，学校を評価する．「スクールレビューは，現在の学校のパフォーマンスと実践に対して，専門的で独立した分析を行うために設計された．それは，適切な目標，達成度，改善戦略に関する助言を与えて，学校が新しい戦略プランを描くことを助ける．（中略）学校自己評価とスクールレビューが合わさった時，学校が自信をもって次の4年間の戦略的方向性を開発できるような確固とした証拠が示される．スクールレビューは，生徒の成果の改善と幅広い学校コミュニティへの関与に関する挑戦的で前向きな経験になることを意図している．スクールレビューがインスペクションの過程ではなく，法律や規則のコンプライアンスに焦点づけたものでもないことは重要である.[30]」

スクールレビューは，①協議評価（Negotiated Review），②継続改善評価（Continuous Improvement Review），③診断評価（Diagnostic Review）の3タイプが設定された．①協議評価は学力上位の学校が対象である．協議評価では，学校が評価者を選定できる．第三者評価者は，批評協力者（Critical Friend）と呼ばれ，学校と協力して特定の課題を改善する．②継続改善評価は，従来通

表3—3　生徒の居場所と福利の指標――ビクトリア州の学校態度調査――

A．生徒の福利

1．生徒のモラール

(1)私は学校で前向きな気持ちである．(2)私は学校で快活である．(3)私は学校でリラックスしている．(4)私は学校で幸せである．(5)私は学校で元気が出てくる．

2．生徒の悩み

(1)私は学校で緊張している．(2)私は学校でネガティブに感じる．(3)私は学校でだめに感じる．(4)私は学校で落ち込む．(5)私は学校でうまくできない．(6)私は学校でストレスを感じる．

B．教えと学びの質

1．教師の効果

(1)教師の言っていることは理解しやすい．(2)教師は授業にたくさんのエネルギーを費やしている．(3)教師は，私たちがどのようにもっと情報を入手できるかを説明してくれる．(4)学校は生徒の将来のための準備をよくしてくれる．(5)教師は準備をよくしている．

2．教師の共感

(1)教師は私が言うことを聞いてくれる．(2)教師は私の学びを本当に助けたがっている．(3)教師は必要な時に助けたり支援してくれる．(4)教師は生徒が抱えている問題をうまく助けてくれる．(5)教師は物事を明確に説明する．(6)教師は私がベストを尽くせるように助けてくれる．(7)教師は私がどのように学ぶかを理解している．

3．学びへの励まし

(1)教師はクラスの活動を興味深くしている．(2)教師は学びを興味深くしている．(3)教師は聞くことを促している．(4)教師は学校の活動を楽しめるようにしている．

4．学校におけるつながり

(1)私はこの学校の生徒でよかったと思う．(2)今年度，私は学校が好きだ．(3)私は学校にいることが嬉しい．(4)私は学校の一員だと感じる．(5)私は学校に行きたいと思っている．

5．生徒の動機

(1)学校でうまくすることは私にとってとても大切である．(2)教育を続けること，または成し遂げることは私にとって大切だ．(3)私は学校で一生懸命やろうとしている．(4)私は学校でうまくやれるように熱中している．

6．学びへの自信

(1)私は学校の活動をうまくできる．(2)私は新しいことを容易に学べる．(3)私はとても良い生徒である．(4)私は学校で全体的に成功していると思う．

C．生徒の人間関係

1．つながり—仲間

(1)私は学校で他の生徒と仲が良い．(2)私は学校で他の生徒に好かれている．(3)私はほとんどのクラスメートととても仲が良い．(4)私の友人は学校で私のことを気にかけてくれる．

2．学級での行動

(1)破壊的な生徒がいるので，クラスでの学びが難しいことがよくある．(2)不作法な生徒がいるので，クラスで教師の発言を聞くのが難しいことがよくある．(3)クラスの何人かの生徒の行動によって，学ぶことが難しくなっている．

3．生徒の安心・安全

(1)最近，学校でいじめられたことがある．(2)最近，学校で不愉快な冷やかしを受けたことがある．(3)この学校で生徒に意地悪されたことがある．(4)最近，他の生徒からわざと叩かれたり，蹴られたり，脅されたことがある．(5)学校で私のうわさが広まることがよくある．

注）全生徒対象，7件法，7は「いつもある」，1は「まったくない」．5，6，7は「同意する」，1，2，3は「同意しない」，4は「どちらともいえない」．

出所）Department of Education and Early Childhood Development, “Attitudes to School Survey”, 2010.（http://www.education.vic.gov.au/management/schoolimprovement/performancedata/surveys/attitudesurvey.htm：2010年11月5日アクセス確認）

り，評価者が学校に訪問し，助言を与える．③ 診断評価は学力下位の学校に限定されている．評価者は評価対象校の課題にマッチした優れた専門家であり，学校に一定期間訪問し，学校・教室等を丁寧に観察・分析し，助言を与える．

学校がどのタイプの評価を受けるかは，学校のパフォーマンスに関するデータにもとづいて，地方教育事務所長（またはその指名者：専門的職員）と校長の議論によって決定される．スクールレビューは学校のニーズに応じているため，学校側の評判がよい．とくに協議評価と診断評価は学校の改善に役立つとの意見が多い[31]．しかし，継続改善評価は従来通りの評価であり，「形式的で表面的だ」という意見も出されているのである[32]．今後は継続改善評価の在り方が問われるだろう．

その後，2008 年の答申「教育と幼年期発達のための青写真」（Blueprint for Education and Early Childhood Development）にもとづいて，2009 年にスクールレビューのさらなる改善が図られた．そこでは新たな類型として，拡大診断評価（Extended Diagnostic Review）が追加された[33]．スクールレビューは，① 協議評価，② 継続改善評価，③ 診断評価，④ 拡大診断評価の 4 タイプに再編成されたのである．拡大診断評価は，診断評価と類似しているが，長期間学校に評価者が関与し校内研修も行われる．拡大診断評価は相当に困難な課題をかかえる学校のみが対象であるが，学校改善における第三者評価の在り方をめぐって，新たな地平を開拓するものであろう．

オーストラリアの学校経営システムから私たちはどのようなことを学べるだろうか．

第一に，学校戦略プランと年度実施計画のフォーマットが工夫されている．学校が未来に到達するための道筋と方法を描くことによって，学校経営の創造と革新が可能になる．この点は「計画中心の PDCA サイクル」を実質化するためにも重要であろう．

第二に，学校評価において，学校態度調査のデータを通して，生徒の居場所と福利を可視化している点が注目に値する．生徒の居場所と福利の数値が低い場合，教師と子どもの関係，子どもと子どもの関係等のいわば「教育の基本」ができていない可能性がある．これまで，「教育の基本」は経験則にもとづいて論じられてきた．その限界を克服するために，生徒の居場所と福利を数値化した意義は大きい．

第三に，四類型の第三者評価が設けられており，学校のニーズに応じた学校評価がめざされている．協議評価，継続改善評価，診断評価，拡大診断評価という類型は，「評価は一元的でなければならない」という固定観念を打破し，学校評価の制度設計における創造性を豊かにするものである．とくに，診断評価と拡大診断評価は課題を抱える学校をサポートしており，注目に値する．

第3節　連邦政府による学校成果の透明化

(1)　最近の教育改革の全国的動向

2007年11月の連邦議会総選挙で労働党が勝利し，政権が交代した．ケビン・ラッド（Rudd, K.）が首相に就任し，11年ぶりの労働党政権の誕生に人びとは興奮した．ところが，現在，学校現場の人びとはラッド政権以降の政策「教育革命」（Education Revolution）に失望している．ジュリア・ギラード（Gillard, J.）教育大臣・副首相（2010年6月より，首相に就任）がテスト中心主義の姿勢を明確にし，強い指導力を発揮してきたからである．

憲法上，州・直轄区の各政府が初等・中等教育行政の権限をもっており，連邦政府の権限は弱い．そこで，連邦政府は全国教育合意（National Education Agreement）を州・直轄区政府と締結した．全国教育合意は，連邦政府が州・直轄区政府に予算を交付する条件として，学校成果の透明化を要請している．連邦政府は全国教育合意を裏付けとして，オーストラリア政府審議会（Council of Australian Governments）で教育改革の方針を固めた上で，教育幼年期発達青少年問題担当大臣審議会（Ministerial Council for Education, Early Childhood

Development and Youth Affairs: MCEECDYA）における協議を主導し，州・直轄区の初等・中等教育行政に対する影響力を高めている．

「教育革命」政策は，校舎・設備の改善，校長の裁量拡大，スクールリーダー教育の推進など，評価されるべき点もある．問題は学校成果の透明化である．全国学力調査の各学校の結果は，オーストラリア・カリキュラム評価報告機構（Australian Curriculum, Assessment and Reporting Authority: ACARA）によって，2010年からオンラインで公表されることになった．学校成果の透明化とナショナルカリキュラムの開発の動向に対して，現地では，「いまだかつてない大きな変化が起こっている.」[34]と指摘されている．

(2)　ジュリア・ギラードの教育政策――2009年まで――

ラッド政権で教育大臣・雇用職場環境大臣・社会包摂大臣（Minister for Education, Minister for Employment and Workplace Relations, Minister for Social Inclusion，以下，教育大臣と略）に就任したジュリア・ギラードは，教育雇用職場環境省（Department of Education, Employment and Workplace Relations: DEEWR, 以下，連邦教育省と略）の幹部に対して，オーストラリアの初等・中等教育の成果と予算配分に関する正確な全国的なデータを出すように指示したところ，「全国的なデータは存在しません.」という答えが返ってきたという[35]．このことは後に学校成果の透明化の提案につながっていった．

全国学力調査は2008年から実施されていた．各州のデータは公表され，州間の学力の比較が可能となったため，マスコミ等で話題となるようになった．全国学力調査の結果は，学校はもとより，教室にも影響を与え，テストを考慮した学習指導を誘発している[36]．こうした動向の中，ギラードはニューヨーク市教育長のジョール・クライン（Klein, J.）に会い，同市のレポートカード（report card）から改革のヒントを得た[37]．ギラードは，現在の到達度が多くの学校で不十分であると考え[38]，教育大臣として学校の抜本的に変化が必要であるとの決意を示した．そして，「国際学力調査ではオーストラリアの到達度は良いが，その水準は高原状態ないし低下傾向にあり，社会経済的に不利な学校では低い到達度が持続しており，これは将来経済的・道徳的な大きな失敗をもたらす.[39]」と述べている．その上で，「学習・生活指導（teaching）の質の改善，すべての子どもの利益の確保，透明化とアカウンタビリティの義務化[40]」を政策の三つの柱に掲げた．

第一に，「学習・生活指導（teaching）の質の改善」は，教員の力量を専門職として向上することを意図している．具体的には，専門職基準の設定，教員養成の高度化，現職教員の職能成長，優秀な教員の褒賞を推進する．これは，2010 年のオーストラリア・ティーチング・スクールリーダーシップ機構（Australian Institute for Teaching and School Leadership: AITSL）の設置につながっていく．同機構は影響力ある専門職基準の設定や研修プログラムの開発を意図している．

第二に，「すべての子どもの利益の確保」は，とくに不利な状況にある学校の水準向上を意味する．社会的・経済的に不利な状況にある学校で成功した例は稀有であるため，教育行政，校長，教員の協力によって，そのような学校を増やす必要があると考えている．

第三に，「透明化とアカウンタビリティの義務化」について，ギラードは「透明化が欠如していては，一層の努力と投資がどこに必要なのかを特定できなくなる[41]」と述べ，納税者への責任も果たせないと考えている．こうした考え方は，連邦政府の「教育革命」政策の次の展開を方向づけ，オーストラリア政府審議会における予算措置につながっている．

学校成果の透明化は，「私の学校」ウェブサイトを通して実施されることになった．この背景として，ギラードが，情報化の時代に，情報によって価値を創造し，社会の成功を導くことが必要であると考えていたことを指摘できる．「私の学校」ウェブサイトでは，全国規模で，生徒の特性が類似する学校間の成果を比較すること，および全国平均スコアと比較することが可能になる．このような学校成果の透明化は，公立学校セクターに対しては全国教育合意，私立学校セクターに対しては学校支援法によって制度上要請される．

ギラードは，全国学力調査の素点にもとづくリーグテーブル・ランキングは単純で役立たないと考え，学校の名指しと恥さらしをする意図はないと述べている．むしろ，「私の学校」ウェブサイトでは，学校の文脈や地域特性を考慮し，意味ある比較を可能にするつもりである．この意義は，生徒の背景や特性が類似する学校間で比較すると，成果に大きな違いがあることを明らかにすることである．

これは，生徒の背景や特性が類似するにもかかわらず，成果の高い学校にはどのような秘訣があるのか，逆に成果が低い学校は何が不足しているのかという問いを発するものである．このような問いに答えようとすると，学校経営の戦略性，同僚性，組織文化，教師の専門性，ソーシャルキャピタル等を再検討せざるを得ないだろう．

(3)　学校成果の透明化の実施と課題――2010年以降――

2010年1月28日，オーストラリア・カリキュラム評価報告機構は，「私の学校」ウェブサイトを起動させた．校長会と教員組合は，全国学力テストの学校別の結果公表が学校ランキングにつながると考えて反対している[42)]．コールドウェルは「オーストラリアはイングランドの最も悪い点である全国学力テストとリーグテーブルを模倣している．(中略) 義務的なテストは段階的に廃止すべきである．フィンランドのように，テストを上手に活用する力量を教育専門家の間に確立すべきである．」と述べている[43)]．

2010年2月，民間企業が「オーストラリア学校ランキング[44)]」というウェブサイトを立ち上げた[45)]．その後，オーストラリア・カリキュラム評価報告機構の要請により，このウェブサイトのデータは現在閲覧できなくなっている[46)]．リーグテーブルは制御されたかのように見える．しかし，さまざまなデータから学校ランキングの作成は可能であり，実際に，新聞や各種のウェブサイトが学校ランキングを掲載している[47)]．まさに，情報化時代なのである．

つまり，学校の成果に関する情報はすでに流通している．一つの問題は，オーストラリア・カリキュラム評価報告機構のような公的な組織が学校成果を透明化するにあたって，どのような情報を公開するかであろう．なぜなら，学校成果の透明化の項目はオーソライズされているため，「良い学校とは何か」を評価する公的な指標になってしまうからである．そこで，学校成果の透明化に関する項目の在り方を検討したい．

「私の学校」ウェブサイトは，学校の簡潔な状況，生徒数，教員数，出席率，中等学校の進路，生徒の背景に関するデータ，コミュニティの社会的・教育的アドバンテージ指数（Index of Community Socio-Educational Advantage: ICSEA），全国学力調査の結果（類似の背景の学校との比較を含む），近隣の学校リストが示されている[48]．現在のところ，「私の学校」ウェブサイトでは，全国学力調査の結果が重点的に報告されている．この結果，学力の捉え方がペーパーテストで測定できる範囲に矮小化され，バランスのとれた子どもの発達にネガティブな影響を与えることが懸念される．これでは，グローバルな知識基盤社会に対応した教育の実現にとって，かえって逆効果になってしまうだろう．

ここで，ビクトリア州登録・資格機構（Victorian Registration and Qualification Authority）のウェブサイト「ビクトリア州公立学校の成果サマリー」（Victorian Government School Performance Summary）は注目に値する[49]．2009 年 11 月に，ビクトリア州は，「私の学校」ウェブサイトよりも先に，「公立学校の成果サマリー」を起動させた．その一つの理由は，ビクトリア州は学校の多くの側面に関するデータを蓄積しており，その公開によって，学校成果の透明化の在り方に関する論議に一石を投じようとしたことである[50]．

ビクトリア州教育大臣のパイク（Pike, B.）は，当初，学校成果の透明化に反対していたが，全国教育合意や教育財政構造を考慮して，反対を撤回した．代わりに，ビクトリア州が学校成果の透明化の模範を全国に示すことにした．「公立学校の成果サマリー」の導入にあたって，パイクは「私たちは，リーグテーブルはとくに役立つとは思いません．なぜなら，リーグテーブルは中心的な主題から目をそらすからです．私たちはすっと洗練された意味ある方法で情報を提示します．[51]」と述べている．これについて，ビクトリア州教員組合会長のブルート（Bluett, M.）は「いまだ神経質になるが，連邦政府のものよりはましである．[52]」と述べている．

ビクトリア州のウェブサイト「公立学校の成果サマリー」は，学校年度報告（毎年の学校自己評価），学校の簡潔な状況，生徒の学び（教員による生徒の成績，全国学力調査），生徒の居場所と福利（生徒の出席率，学校態度調査），生徒の進路と接続（残留率，進学・就職：中等学校の場合），学校改善計画の要旨，学校財務状況が示されている．類似の背景の学校との比較も示されている．

オーストラリア・カリキュラム評価報告機構の「私の学校」とビクトリア州の「公立学校の成果サマリー」を比較すると，いくつかの知見が明らかになる．

第一に，「私の学校」は全国学力調査にシフトしており，子どもの学びの捉え方を狭めるものになっている．この点，早急な改革が求められる．これに対して，「公立学校の成果サマリー」は，生徒の居場所と福利のデータを掲載し，学校の成果を多面的にとらえようとしている．少なくとも，「私の学校」よりも工夫の跡が見られる．

第二に，「公立学校の成果サマリー」には，学校改善計画の要旨が掲載されている．評価データだけでなく，現在何をしているかを紹介することは，学校改善を推進するために重要である．この背景には「計画中心の PDCA サイクル」の考え方があるだろう．一方，「私の学校」にはそのような発想は見られない．

第三に，「公立学校の成果サマリー」には，学校の財務状況が掲載されている．学校経営と生徒の成果に対する財務の影響は少なくないため，財務への着目は重要である．

第四に，「私の学校」には私立学校も参加しており，公立と私立を鳥瞰できる．これに対して，「公立学校の成果サマリー」は私立学校が参加しておらず，限界がある．

これらの相違のうち，ビクトリア州の「公立学校の成果サマリー」が生徒の居場所と福利を視野に入れていることは重要である（表３―３）．なぜなら，「教育には数値化できない部分がある」という議論に終始し，生徒の居場所と福利の改善の必要性を結果的に隠蔽してきた日本の教育界に再考を迫るものだからである．

だが，「私の学校」はもとより，「公立学校の成果サマリー」も一層の改善が必要である．学力の範囲と測定方法を豊かにするとともに，子どもの発達をホリスティックに捉えることが求められるだろう．そして，ホリスティックな子どもの発達と社会的自立を実現するために，測定すべき部分は何か，逆に，測定しない方が良い部分（子どもの自由な発達を尊重すべき側面）は何かを論究しなければならない．オーストラリアの学校成果の透明化をめぐる課題は，国際学力調査や日本の学力調査の在り方を考えるための視点を私たちに示している．

第４節　自律的学校経営の展望

オーストラリアでは，州レベルで学校経営計画と学校評価の革新が行われた．この革新は学校に歓迎された．一方，連邦政府の主導により，全国規模の学校成果の透明化が断行された．この改革は学校の反発を招いた．この二重構造において，ビクトリア州が，「私の学校」ウェブサイトへのオルターナティブを示そうと「公立学校の成果サマリー」を開発・公表したことは大変興味深い．学校現場に近い州教育省が豊かな教育改革のアイデアを有していることの証左である．州を単位とした教育改革にこそ，自律的学校経営の活路を見いだせる．

教育立国をめざして，連邦政府の主導によって全国規模の教育改革を断行すると，どうしても，「システムの粗さ」や「現場感覚からの遠さ」がつきまとう．これまで長い間，オーストラリアの初等・中等教育行政の一つの特徴と優位性は州を単位とした教育行政構造にあったといえよう．そのような構造は，教育政策・実践・理論の州間比較を可能にしてきた．州間比較は，新たなアイデアの創造の源泉となり，先進的な教育改革の土台となってきた．そのことを連邦政府はもっと意識すべきであろう．

「私の学校」ウェブサイトのように，粗雑な机上の論理によって教育改革を断行すると，かえって逆効果になる可能性もある．グローバルな知識基盤社会に対応した学力観を準備できないばかりか，自律的学校経営における教育専門家の創造性を損なうからである．州を単位とした学校経営システムの革新こそが21世紀の教育立国への王道である．だが，現実には，社会情勢の変化の中で教育立国をめざす連邦政府は学校への政策的関心を持ち続ける．このような文脈をふまえつつ，子どもの発達を第一に考えて，連邦・州・学校の新たな関係をデザインできるような識見が今，私たちに求められている．

注)

1）Walker, W. G., "The Governance of Education in Australia: Centralization and Politics", *The Journal of Educational Administration,* Volume VII, Number 1, 1970, p.26.

2）Connell, W. F., *Reshaping Australian Education 1960-1985,* Australian Council for Educational Research, 1993, pp.555-556.

3）Caldwell, B. and Hayward, D., *The Future of Schools,* Falmer, 1998, p.8, pp.13-14.

4）Caldwell, B., *Leading the Self-Managing School,* Falmer, 1992, p.31.

5）Klenowski, V., "Raising the Stakes: The Challenges for Teacher Assessment", Keynote Speech, International Education Research Conference in Canberra, Australian Association for Research in Education, December 3, 2009, p.9.

6）*Ibid.,* p.9.

7）Caldwell, B., "Reconceptualizing the Self-managing School", *Educational Management Administration Leadership,* 2008, Vol.36, No.2, p.250.

8）佐藤博志『オーストラリア学校経営改革の研究—自律的学校経営とアカウンタビリティ』東信堂，2009年，pp.222-225.

9）Ministerial Working Party, *Public Education: The Next Generation,* Department of Education, Employment and Training, Victoria, 2000, p.26.

10）Watson, L., "Why would anybody want this job? The challenge of attracting and sustaining effective leaders for Australian schools", *Conference Proceedings, Research Conference 2007,* Australian Council for Educational Research, 2007, pp.28-29.

11）Cranston, N. and Erich, L (ed.), *Australian School Leadership Today,* Australian Academic Press, 2009.

12）Pont, B., Nusche, D. and Hopkins, D. (ed.), *Improving School Leadership, Volume 2,* OECD, 2007, p.262.

13）Caldwell, B. and Spinks, J. *Leading the Self-Managing School,* Falmer, 1992, pp.39-40.

14）*Ibid.,* pp.33-36.

15）*Ibid.,* p.41.

16）佐藤博志編著『オーストラリア教育改革に学ぶ―学校変革プランの方法と実際―』学文社，2007 年，pp.15-16.

17）筆者は，2006 年から 2009 年の間に，イギリス，オーストラリアの国際的な学会・研究大会に３回参加した．そして，さまざまな研究報告と議論を検討し，イギリス（イングランド，スコットランド），オーストラリア（ビクトリア州，首都直轄区），ニュージーランド，日本における学校評価の位置づけについて考察した．

18）なお，チャーターのフォーマットとその有効性については，佐藤博志編著『オーストラリア教育改革に学ぶ―学校変革プランの方法と実際―』学文社，2007 年で論究している．

19）1996 年８月，オーストラリア・ビクトリア州教育省学校評価局職員に対するインタビュー調査．

20）佐藤，前掲書，2009 年，p.72.

21）同上書，pp.131-154.

22）丸尾美奈子「オーストラリアの年金制度について」『ニッセイ基礎研レポート』2009 年８月，p.16.

23）Victorian Primary Principals Association, Victorian Association of State Secondary Principals, Department of Education, The University of Melbourne, *Assessing the Impact, The Final Report of the Cooperative Research Project, Leading Victoria's Schools of the Future,* 1998, pp.11-12, p.16.

24）2007 年８月，オーストラリア・ビクトリア州教育省学校評価局学校評価課長および学校評価係長に対するインタビュー調査．公立学校校長に対するインタビュー調査．Auspoll, *Evaluation of the School Planning and Reporting Elements: School Accountability and Improvement Framework, Research Key Findings,* 2006.

25）同上インタビュー調査.
26）同上インタビュー調査.
27）Department of Education and Training, *Accountability and Improvement Framework for Victorian Government Schools 2007*, 2006.
28）Department of Education and Early Childhood Development, "Attitudes to School Survey", 2010.（http://www.education.vic.gov.au/management/schoolimprovement/performancedata/surveys/attitudesurvey.htm：2010年11月5日アクセス確認）
29）Department of Education and Early Childhood Development, *School Review Guidelines 2009*, 2008, p.6.
30）*Ibid.*, p.4.
31）前掲インタビュー調査.
32）同上インタビュー調査.
33）Department of Education and Early Childhood Development, *op.cit.*, 2008, p.3.
34）2009年12月，オーストラリア・カリキュラム評価報告機構理事に対するインタビュー調査.
35）2009年12月，連邦教育省幹部職員に対するインタビュー調査.
36）Caldwell, B., "Want World-Class Schools?: It's Time to Agitate", *The Agitation Hill Lecture Series in Castlemaine*, 29 May, 2009, p.3.
37）Caldwell, B., "A Failing Grade for the Education Revolution", *Strategic Commentary on Policy in Education, Educational Transformations*, 2 November, 2009.
38）Gillard, J., "Leading Transformational Change in Schools", 24 November, 2008.（http://www.deewr.gov.au/Ministers/Gillard/Media/Speeches/Pages/Article_081128_133646.aspx：2010年11月5日アクセス確認）
39）*Ibid.*.
40）*Ibid.*.
41）*Ibid.*.
42）Australian Primary Principals Association, "League Tables: Our Second Letter to Julia Gillard and other Ministers", 29 June, 2009.（http://www.appa.asn.au/index.php/appa-business/news-items/609-league-tables-our-2nd-letter-to-julia-gillard-a-other-ministers：2010年11月5日アクセス確認）
43）Caldwell, B., "Strategic Commentary on Policy in Education: A Failing Grade for the Education Revolution", *Educational Transformations*, 2 November, 2009.
44）The Australia School Ranking Group, "Australia School Ranking 2010", 2010.（http://www.australiaschoolranking.com/：2010年11月5日アクセス確認）

45）Seeking Media, "Australia School Ranking 2010 Released: Where is your school?", 15 February, 2010.（http://www.seekingmedia.com.au/news.php?newsid=920：2010年11月5日アクセス確認）
46）Reid, A., "The My School Myths", Australian College of Educators, 2010.（http://austcolled.com.au/notepad/article/myschool-myths：2010年11月5日アクセス確認）
47）Better Education, "Better Education School Rankings", 2010.（http://bettereducation.com.au/SchoolRanking.aspx：2010年11月5日アクセス確認）
48）Australian Curriculum, Assessment and Reporting Authority, "My School", 2010.（http://www.myschool.edu.au/：2010年11月5日アクセス確認）
49）Victorian Registration and Qualification Authority, "Search for an Education Provider", 2010.（http://www.vrqa.vic.gov.au/StateRegister/Search.aspx/Search?SearchType=0：2010年11月5日アクセス確認）
50）2009年11月，オーストラリア・ビクトリア州教育省幹部職員に対するインタビュー調査.
51）Perkins, M., "Report Cards on Victorian Schools a First", The Age, 6 November, 2009.（http://www.theage.com.au/national/education/report-cards-on-victorian-schools-a-first-20091105-i08j.html：2010年11月5日アクセス確認）
52）*Ibid.*.

コラム③

オーストラリアから見た日本の学校経営

日本では，1998 年の中央教育審議会答申『今後の地方教育行政の在り方について』が，学校の自主性・自律性の確立を提案した．2004 年には，中央教育審議会答申『今後の学校の管理運営の在り方について』が公表された．同答申は「保護者や地域住民が一定の権限を持って運営に参画する新しいタイプの公立学校」の導入を提案した．同年，地方教育行政の組織および運営に関する法律の一部が改正され，教育委員会は，指定する学校に学校運営協議会を設置できるようになった．学校運営協議会を設置した学校はコミュニティ・スクールと呼ばれている．

日本のコミュニティ・スクールは，学校の自主性・自律性の確立を志向したものであるが，裁量の裏付けが十分ではない．この点がオーストラリアの自律的学校経営（Self-Managing School）と大きく異なっている．「自律的学校経営には，リソースの配分に関して決定を行う権限と責任を，大幅かつ一貫して学校レベルに与えている．ここで，リソースとは，幅広く，カリキュラム，人事，財務，設備に関する事柄を含んでいる．ただし，自律的学校経営は，中央が設定した目標，重点，アカウンタビリティ・フレームワークを伴う教育システムの中に位置づいている．」（Caldwell, B. and Spinks, J. *Leading the Self-Managing School*, Falmer, 1992, p.31.）

自律的学校経営は，公立学校経営である以上，教育行政から完全に独立しているわけではない．公教育の民営化を意図したものでもない．にもかかわらず，自律的学校経営は，従来の学校経営と比較して，とくにカリキュラム編成，人事，財務に関して大幅に裁量を拡大しており，学校が創意・工夫する余地を格段に拡大している．なお，自律的学校経営の究極的な姿の一つとして，イギリスのアカデミー（Academy）がある．アカデミーはオーストラリアを含む各国から関心を集めている．

自律的学校経営のシステムの実現は教育改革の中途に過ぎない．子どもの発達の支援をめざして，自律的学校経営における「学びと教え」（Learning and Teaching）を変革しなければならない．最近，学校変革（School Transformation）という言葉がよく聞かれるようになった．これは，自律的学校経営において，組織運営，校内研究（研修），カリキュラム，人事配置，予算措置を，分割主義的に捉えるのではなく，ホリスティックに捉えることによって，「学びと教え」のイノベーションを起こす考え方である．そのためには，分散リーダーシップ（Distributed Leadership）が求められる．これは，校長，副校長，主幹，主任など，それぞれに，学校変革の要素やフェーズが分散しており，各構成員の行動がエンパワーされ，大きなベクトルになることによって，学校が組織的に変化することを意味する．学校変革と分散リーダーシップの実現は学校経営の現代的課題であり，世界各国に共通する課題であろう．

第4章 カリキュラム

第1節 ナショナルカリキュラム開発の歴史的展開と分析の視点

(1) ナショナルカリキュラム開発の歴史的展開

1901年に連邦政府が樹立され植民地が州となって以来，オーストラリアでは初等・中等教育に関する事項を各州・直轄区の政府が管轄してきた．そのため，各州・直轄区では独自の教育制度が定められることとなり，教育内容や教育方法，就学年齢も統一されてはこなかった．現在でも，初等・中等学校の教育活動に直接的な影響を与えるのは各州・直轄区の定める政策的枠組みである．ただし，1936年のオーストラリア教育審議会（Australian Education Council）の設立に見られるように，各州・直轄区は独自の取り組みを続けつつも情報交換を行ったり連携したりしてきた．連邦政府もまた，1972年のオーストラリア学校委員会（Australian Schools Commission）の設置を契機として，全国的な教育制度の確立を積極的に進め始めた[1)]．

ナショナルカリキュラム開発の動きが本格化する契機となったのは，1989年の「学校教育に関するホバート宣言」（The Hobart Declaration on Schooling）（以下，ホバート宣言）である．ホバート宣言では，学校教育に関するオーストラリア初の国家目標である「オーストラリアの学校教育の共通で合意された国家目標」（Common and Agreed National Goals for Schooling in Australia）が示された．これを受けて，ナショナルカリキュラム開発の対象として「英語」「算数・数学」「科学」「社会と環境の学習」「科学技術」（Technology）「芸術」（the Art）「健康と身体の教育」「英語以外の言語」の８つの学習領域が設定され，1994年には各学習領域のステイトメント（Statement）とカリキュラム・プロファイル（Curriculum Profile）が作成された[2)]．ただし，これらは法的拘束力をもつものとはならず，その運用は各州・直轄区に任されることとなった．そのため，全国に十分に浸透するには至らなかった．

1997年には，リテラシーやニューメラシーと呼ばれる基礎学力に関して，国家の統一的な基準であるベンチマーク（Benchmark）が作成され，それにもとづく教育評価と報告がなされることとなった．また，この時期にはシティズンシップ教育（civics and citizenship education）を全国に広めるための取り組みが連邦政府によって進められた．この取り組みを通して，1998年には「デモクラシーの発見」（Discovering Democracy）と呼ばれるプログラムが作成され，全国的に公教育のカリキュラムに反映された[3)]．ただし，こうした取り組みも，全国の教育内容を強く規定するものとはならなかった．

1999年，ホバート宣言の改訂版として「アデレード宣言：21世紀における学校教育に関する国家目標」（The Adelaide Declaration on National Goals for Schooling in the 21st Century）（以下，アデレード宣言）が発表された．そこでは，基礎学力やシティズンシップの育成などに力を入れるべきことが示されるとともに，その成果を目に見えるかたちで示すことが強調された．そして，「リテラシーやニューメラシーなどの基礎学力の向上」「職業教育の充実」「学校教育制度・内容の統一化」をめざした取り組みが行われることとなった[4)]．

ホバート宣言，アデレード宣言と続いてきた教育に関する国家目標の提示は，経済的な成功を実現していくための重要な手段として学校教育が位置づけられてきたことと関わっている．すなわち，学校教育の水準を引き上げることで学校教育を通した人材育成を成功させることが，国際的な経済競争を勝ち抜くための鍵であるとされてきた．ナショナルカリキュラムの開発とその普及は，各州・直轄区，ひいては国全体の教育水準を向上させるための重要な施策と位置づけられ，連邦政府によって推進されることとなったのである．

2003年7月に開催された教育雇用訓練青少年問題担当大臣審議会（Ministerial Council on Education, Employment, Training and Youth Affairs：以下，MCEETYA）の会議において，各州・直轄区の教育大臣は，全国のカリキュラムにより一層の一貫性をもたせるために，英語，算数・数学，科学，シティズンシップに関する「学習のステイトメント」（Statements of Learning）の作成を求めた．そこでは，すべてのオーストラリア人が第３・５・７・９学年の末までに学習する機会を得るべき不可欠のスキル，知識，理解，能力を記述することが合意された[5)]．この作業は，オーストラリア教育行政官会議（Australian Education Systems Officials Committee: AESOC）の監督の下，カリキュラム・コーポレーション（Curriculum Corporation）を中心として進められた．2005年2月に英語のステイトメントが完成，残りの３つの学習領域にICTを加えた4つの学習領域のステイトメントも2006年8月に承認された．ただしこのステイトメントでは，カリキュラム開発の際に留意すべき枠組みと，ベンチマークの設定を通した到達目標が提示されるにとどまっていた．したがって，この段階における取り組みもまた，拘束力をもつものとはならなかった．

このように，ナショナルカリキュラム開発の取り組みはこれまで，その強調点や連邦政府の関わり方を変えながら進められてきた．ただし，これらの枠組みはいずれも拘束力をもつものとはならず，各州・直轄区のカリキュラムに強い影響を与えなかった．今日に至るまで，各州・直轄区は全国的な動きを視野に入れつつも独自のカリキュラム政策を展開し，各学校は基本的に，各州・直轄区のカリキュラム政策にもとづいて自校のカリキュラムを編成してきたのである．こうした歴史的展開の中で，2008年以降，労働党のラッド（Rudd, K.）およびギラード（Gillard, J.）政権によって，ナショナルカリキュラムの開発と全国的な普及をめざす現行のカリキュラム改革が強力に推進されている．

(2) ナショナルカリキュラム開発をめぐる取り組みの分析の視点

2006年2月，オーストラリア・カリキュラム学会（Australian Curriculum Studies Association：以下，ACSA）のフォーラムが開催され，その後のナショナルカリキュラム開発の方向性が議論された．そのフォーラムでマカイ（Mackay, T.）とともに議長を務めたレイド（Reid, A.）は，州・直轄区と連邦政府との協働によって進められてきたナショナルカリキュラムをめぐる取り組みを，その特徴にもとづいて以下の四つの時期に分類した.[6)]

第一期は，1968年から1988年にかけての，「連邦政府によるカリキュラムへの間接的な影響」が見られた時期である．これは，各種のプロジェクトやカリキュラム開発審議会（Curriculum Development Council）による活動などを通して行われるものであった.[7)]

第二期は，1988年から1993年にかけての，「同一の，公式のナショナルカリキュラムをもとうとする直接的な試み」の時期である．これは，ステイトメントとプロファイルにもとづいて進められようとしたものであるとされる．

第三期は，「デモクラシーの発見」プログラムに代表されるカリキュラムに関する大規模なプロジェクトや，「良質の教授プログラム」（Quality Teaching Program）のような専門性向上の取り組みを通して間接的に行われた時期である．ここに含まれるのは，1993年から2003年である．

そして第四期は，2003年以降である．この時期には，財政的支援と結びつけられた新しい方策にもとづき，連邦政府によって直接的な介入が試みられた．レイドは現行のカリキュラム改革をこの第四期に位置づけたうえで，その方向性はまだ組織的に議論されてはいないと述べた．

レイドはその後，2006年8月に開催されたACSAのフォーラムにおいて，ナショナルカリキュラム開発に関する特段の懸案事項として次の三つを指摘した．それは，「グローバル社会におけるオーストラリアの状況や現代世界の挑戦と関連したナショナルカリキュラムの取り組みに対する明確な原理（rationale）をもてていないこと」「原理と関連したカリキュラムの一貫した見通しが欠如していること」「カリキュラムに関する新たな取り組みを展開し，実行する教育者による真の関わりが欠如していること」である.[8)]

レイドはこれらの懸案事項を，ナショナルカリキュラム開発に関する取り組みを妨げるものと捉えた．こうした主張の背景には，当時のハワード政権下で保守派の政府勢力によって支持されていた，固定的なシラバスや政治的なメッセージを含んだカリキュラムへの後退という動きへの懸念があった．こうした状況を打開するために，三つの懸案事項に対していかなる取り組みを行っていくのかが課題とされたのである.

レイドの指摘をふまえると，「原理の明確化」「カリキュラムに関する一貫した見通しの確立」「教育者の真の関わりの保障」の三点を，ナショナルカリキュラム開発をめぐる取り組みを分析する際の視点として挙げることができる．本章ではこれらの視点にもとづき，ラッド政権およびギラード政権の下で進められてきたカリキュラム改革の現状と特徴を明らかにしていく.

第2節　ラッド政権とギラード政権によるカリキュラム改革の概要

(1)　メルボルン宣言と ACARA の設立

2008 年 1 月に成立したラッド労働党政権は，教育改革を重要な課題の一つと位置づけ，ナショナルカリキュラムの開発と普及を通した学力向上のための取り組みを推進した．2010 年 6 月にラッド政権を引き継いだギラード労働党政権もまた，この取り組みを継続している.

ラッド政権は 2008 年 4 月，連邦政府と各州・直轄区の教育大臣，およびカトリック系学校と独立学校の代表から成るナショナルカリキュラム委員会(The National Curriculum Board：以下，NCB) を設置し，ナショナルカリキュラムの開発とその十全な運用をめざした活動を本格化させた.

さらに 2008 年 12 月 5 日，MCEETYA[9)] はアデレード宣言の改訂版として

「メルボルン宣言：若いオーストラリア人のための教育目標」(The Melbourne Declaration on Educational Goals for Young Australians)(以下，メルボルン宣言)を発表し，その後10年間のオーストラリアの学校教育目標と進むべき方向性を明確に示した[10)]．メルボルン宣言ではまず，大きな社会の変化として，「グローバルな統合と国際的な移動の急速な増加」「アジア諸国の台頭と影響力の高まり」「グローバル化と技術変化に伴う，中等教育以降の教育や訓練の重要性の高まり」「環境，社会，経済に関する複雑な圧力を受け，これまでにないかたちで国を越えてともに活動していくことの重要性の高まり」「ICTを使いこなす能力を向上させる必要性の高まり」が挙げられ，これらの変化に対応することの重要性が指摘された．そのうえで，教育の主要な目標として次の2点が提示された．一つ目は学校教育において公正さ(equity)と卓越性(excellence)をいっそう追求することであり，二つ目はすべての若いオーストラリア人を「成功した学習者」「自信に満ちた創造的な個人」「活動的で知識ある市民」として育成することである．

メルボルン宣言ではこれらの目標を達成するために，カリキュラムの開発，アセスメントの実施，データの収集，児童生徒の学習の改善に向けたデータの活用やアカウンタビリティの達成の重要性などが指摘された．これらの取り組みはNCBによって始められ，2009年5月にオーストラリア・カリキュラム評価報告機構(Australian Curriculum, Assessment and Reporting Authority)(以下，ACARA)によって引き継がれた[11)]．ACARAは現在，主に，「特定の学習領域に関する就学前(kindergarten)から第12学年までのナショナルカリキュラムの開発」「児童生徒の進歩を測定するための，ナショナルカリキュラムと提携した全国学力調査の実施」「全国規模のデータ収集と報告プログラムの実施」という三つの役割を担うことによって，現行のカリキュラム改革において中心的な役割を果たしている．

(2)　ナショナルカリキュラム開発の過程

具体的なナショナルカリキュラムの開発のプロセスは，「構想」(Curriculum shaping)「執筆」(Curriculum writing)「実施」(Implementation)「評価と再検討」(Curriculum evaluation and review) の四つの段階から成る[12)]．ただし，すべての学習領域のものが同時に開発されるわけではなく，三つの局面に分けて進められている．第一局面（2011年に施行開始予定）では，英語，算数・数学，科学，歴史が，第二局面では，言語，地理，芸術（the arts）が，第三局面では，保健体育（health and physical education），ICT，デザインとテクノロジー，経済，ビジネス，シティズンシップが対象とされている[13)]．

「構想」の段階では，各学習領域に関する就学前から第12学年を対象としたカリキュラムのアウトラインが示される．「執筆」の段階では，「構想」の段階で示されたアウトラインに沿って具体的な内容が決定され，全国の学校で使用されうるカリキュラムが開発される．すなわち，各学習領域，各学年に対するカリキュラムのスコープとシーケンスが決定されるとともに，「達成スタンダード」が設定される．また，達成スタンダードを示すための作品例が集められる．第一局面について見てみると，その成果は「オーストラリアのカリキュラムの構想」(Shape of the Australian Curriculum) として四つの学習領域それぞれについてまとめられ，2009年5月に一般公開された．

「実施」の段階では，開発されたナショナルカリキュラムにもとづく教育活動を学校で実践し，改訂に向けた情報収集が行われる．その際には，ただナショナルカリキュラムが提示されるのではなく，各州・地方の初等中等教育政策実施機関（school authorities）を通して実施に向けた説明の機会が設けられたり，教材が提供されたり，教師の研修の機会が提供されたりする．

「評価と再検討」の段階では，実施したカリキュラムに関するデータにもとづき，カリキュラムの改訂に向けた課題の検討と修正が行われる．その際には，教師や主要な団体との協議，他国の取り組みとの比較などが行われる．

表4―1は，第一局面に関するナショナルカリキュラム開発の手順とスケジ

表４―１　ナショナルカリキュラム開発の手順とスケジュール

ステージ	活　動	スケジュール（K-10学年）	スケジュール（11-12学年）
カリキュラムの立案	英語，算数・数学，科学，歴史のカリキュラムの大枠の確認	2009年４月	2009年４月
カリキュラムの開発	カリキュラムに関する文書を開発するための二段階の過程 • ステップ１：スコープとシーケンスの開発 • ステップ２：カリキュラムの「詳細」の完成	2009年５月～12月	2009年６月～2010年１月
協　議	カリキュラムに関する資料についての，全国的な協議	2010年２月～４月	2010年３月～６月
出　版	電子版および印刷版でのナショナルカリキュラムに関する資料の出版	2010年６月～７月	2010年７月～９月

出所）The Shape of the Australian Curriculum: precis（http://www.acara.edu.au/verve/_resources/The_Shape_of_the_Australian_Curriculum_-_precis.pdf：2010年11月11日アクセス確認）

ュールを示したものである．この表に示された活動が先述の四つの段階のどこに相当するのかは明示されていないが，2011年より（後期中等教育段階については2012年より）「実施」の段階に移され，その後，「評価と再検討」の段階を経て，よりよいものへと改善されることとなっていることから，「構想」と「執筆」の段階についての詳細であると考えられる．

表４―１に示されたように，カリキュラムについてはまずその大枠が立案され，それにしたがって具体的なカリキュラムが開発された後，全国的な協議を経て出版される．協議は，各州・直轄区で開催されるフォーラムや全国フォーラムのほか，ウェブサイトを通しても行われている．第二局面は第一局面の約１年後に始められ，第一局面と同様の流れで取り組まれる予定である．第三局面についてはまだ明らかになっていないが（2010年11月11日現在），第一・第二局面と同様の流れで取り組まれると考えられる．

カリキュラム開発の過程では，ACARAのみで活動を行うのではなく，教師や校長，政府，州・直轄区の教育政策実施機関（education authority），専門家の団体，企業，コミュニティ・グループなど，多様なステークホルダーと共同で活動を行っている[14]. 具体的には，フォーラムなどを通して彼らから意見を集め，それにもとづいて改訂を進めている．ここから，完全なトップダウンではなく，多様な人びとの意見を集め，できる範囲でそれらを反映させながら開発を進めることによって多様な立場の教育者の関わりを保障している点を，ナショナルカリキュラム開発の一つの特徴として指摘することができる．

第3節　ナショナルカリキュラム開発の基本的方針とその特徴

(1)　ナショナルカリキュラム開発の原理

ナショナルカリキュラムでは各学習領域について「原理」が示される．ACARA はこの「原理」の欄に明記すべき内容について，「原理は，概括的な言葉でもってその学習領域の性質を説明し，その学習領域における学習と現代世界や現行の活動との関連の概要を提示する．それは，学校のカリキュラムにおけるその学習領域の位置と目的を説明するとともに，それがメルボルン宣言に示されている目標の達成にどのように貢献しうるのかを説明する[15]」としている．

前節で確認したように，メルボルン宣言で示された学校教育目標とは，「公正さと卓越性のいっそうの追求」および，「成功した学習者」「自信に満ちた創造的な個人」「活動的で知識ある市民」の育成であった．これらの目標をいかに達成していくのかを考えるうえで，ACARA による「一般的な能力」についての提言が参考になる[16]．「一般的な能力」とはメルボルン宣言をふまえて設定されたものであり，特定の学習領域でのみ育成されるものではなく，学校教育全体を通して児童生徒に身につけさせるべき能力であるとされている．表4—2はその一覧である．

表に示されているリテラシーやニューメラシー，ICT に関する知識や技能，自律的な学習を行う能力は，生涯にわたる学習活動の基礎となるものであり，

表4―2 「一般的な能力」の一覧

能　力	概　要
リテラシーに関する知識・技能・理解	主に英語の学習領域において継続的に育成されるが，すべての学習領域において扱われるべきもの．
ニューメラシーに関する知識・技能・理解	主に算数・数学の学習領域において継続的に育成されるが，すべての学習領域において扱われるべきもの．
ICT に関する技能・理解	すべての学習領域において扱われるべきもの．重要な能力として，情報の出所や信頼性，正確さ，妥当性を評価する能力が挙げられている．
思考スキル	問題解決，意思決定，批判的思考，議論の展開，議論を支える根拠の利用などを含む，情報を用いた知的活動．
創造性	新たなアイディアの生成，現状を新たな視点で見ること，別の方法で説明すること，関連を調べること，よい結果を得るためにアイディアを適用する新たな方法を見つけることなど．
自律的な学習（self-management）	自身の活動や学習に対する責任をもつこと．自身の学習の管理やモニタリング，省察や評価，自身の性格特性を知ること，独りで活動を計画し実行すること，自身の行動やパフォーマンスに責任をもつこと，成功や失敗から学ぶこと．
チームワーク	他者と効果的かつ生産的に活動すること．共通の目標に向かって貢献すること，個人やグループの役割と責任を明確にし，受け入れること，個人やグループの違いを尊重することなど．
異文化間の理解	自他の文化を尊重し，正当に評価するとともに，異なる文化や背景をもつ他者と活動したりコミュニケーションをはかったりする．先住民族の文化の特別な地位を正当に評価したり，オーストラリアの多文化の構造を尊重したり，違いや多様性を正当に評価したりすることなど．
倫理的なふるまい	道徳的・倫理的原則にしたがって理解し，行動する．善悪の判断をすること，道徳的・倫理的規範にしたがって行動すること，他者への尊敬をもって行動すること，公益（common good）のために活動する願望と能力をもつことなど．
社会的能力（social competence）	他者との効果的な相互作用を行うこと．個人的なつながりを結んだりうまくやっていったりすること，争いにうまく対処したり解決したりし，包括的で相手に敬意をもった触れ合いをつくること，社会的活動や公共の活動にうまく参加することなど．

出所）表は，ACARA, *Curriculum Design Paper v2.0,* November 2009, pp.13-14 をもとに筆者が作成．

「成功した学習者」となるために必須の能力であるといえる．また，これらの能力や思考スキル，創造性を高めることは，「自信に満ちた創造的な個人」としての力量をつけるうえで重要であろう．チームワークや社会的能力の獲得にはとくに，「活動的で知識ある市民」として活動することとの深い関わりを見て取ることができる．異文化間の理解や倫理的なふるまいに関する記述は，公正な社会づくりを追求していくうえで重要な役割を果たすだろう．そしてまた，これらの能力をもつ児童生徒を育成することは，学校教育における公正さと卓越性を追求することにつながると考えられる．

以上のことから，まず，ナショナルカリキュラム全体を通して，メルボルン宣言で示された学校教育目標の達成がめざされていることが分かる．そしてそのために，各学習領域に固有の教育内容に加えて，学校教育全体を通して児童生徒一人ひとりが身につけるべき「一般的な能力」が設定されている．このように，学校教育全体を通した目標や獲得すべき能力を明示し，常にそれと関連づけるかたちで各学習領域の位置づけや目的を示すことによって，ナショナルカリキュラムの内容や教育水準に一定の指針を与えるとともに，カリキュラム開発に関して一貫した見通しをもたせることが狙われているのだといえる．

(2)　ナショナルカリキュラム開発の原則と指針

次に，ナショナルカリキュラム開発の原則と指針を確認する．表４―３に示したのは，NCB が提示したナショナルカリキュラム開発の原則と指針である．

表４―３からは，ａ）で扱うべき教育内容や到達目標の明確化が示されている一方で，ｈ）にナショナルカリキュラムを超えた内容を扱う時間的余裕を設けるべきことが，ｉ）に教師の専門性や状況判断を重視すべきことが示されているなど，教師の自律性の保障が意図されていることが分かる．ｇ）において文書の最も重要な読者として教師が位置づけられていることからも，こうした傾向を見て取ることができる．さらに，ｊ）において教師自身による実践の分析と評価の実施を促すべきことが示されている点も，教師をカリキュラムの編成および実践の主体として位置づけていることの表れであるといえよう．

ACARA は，カリキュラム設計において児童生徒の発達の差異に対応するためには，期待するレベルを変えるのではなく個々の学習上のニーズに合わせ

表4―3　ナショナルカリキュラム開発の原則と指針

a）教師にとっては教えるべきことが，児童生徒にとっては学ぶべきことと達成スタンダードの求めていることが，明確でなければならない．
b）すべての児童生徒にとって学習可能であり，また，重要な関係があるという前提にもとづかなければならない．
c）就学前教育以前の段階の子どもに関わる乳幼児期の学習フレームワーク（Early Years Learning Framework）と関連づけられ，それにもとづいていなければならない．
d）すべての児童生徒が，満足できる能力をもつ市民かつ労働者となるのを助けなければならない．
e）児童生徒が育ってきた社会，文化，環境を形づくってきた過去に関する理解と，将来において役立つであろう知識や理解，スキルを提供しなければならない．
f）教師および児童生徒にとって利用可能な時間や学習リソース（resources）を考慮し，実行可能なものでなければならない．
g）ナショナルカリキュラムに関する文書の最も重要な読者は学級の担任教師でなければならない．
h）時間の設定にあたっては，ナショナルカリキュラムに示されたスコープを超えた学習を行うための余地を残しておかなければならない．
i）児童生徒の学習をどのように組織すればよいのかを決定するのは教師であるため，教師の専門的な知識を尊重したり，特定の状況におけるニーズや関心事を反映させたりするような方法でカリキュラムを実施することを認めなければならない．
j）事実にもとづいて編成されなければならず，また，教師が自身の実践を体系的に分析し，評価するのを促さなければならない．

出所）National Curriculum Board, *The Shape of the Australian Curriculum*, 2009, pp.8-9.

た学習の機会を提供することが必要であり，その際に主要な役割を担うのが教師，学校，初等中等教育政策実施機関であるとしている[17)]．このようにナショナルカリキュラム開発においては，教師の自律性の保障と専門性への信頼が重要な原則とされている．こうした点からは，ナショナルカリキュラムの開発に加えて，その実践と改善にあたっても教師の十分な関与が意図されているといえる．

(3)　ナショナルカリキュラムの構成要素

続いて，ナショナルカリキュラムがどのような要素で構成されているのかを見ていきたい．ACARA はナショナルカリキュラムの主要な要素として，「カリキュラム内容」(curriculum content)「達成スタンダード」(achievement standards)「報告の枠組み」(reporting framework) の三つを挙げている[18]．

「カリキュラム内容」とは，教師が教えるべきことと，児童生徒が学ぶべきことを示したものである．カリキュラム内容には，児童生徒が学ぶべき「知識」「スキル」「理解」が学年および学習領域ごとに記述される．その記述は「内容説明」(content descriptions) と呼ばれている．

「達成スタンダード」とは，児童生徒が学校教育のある時点までに示すことが期待されている典型的な学習の質を示すものである．そこには，理解の深さ，知識の広さ，スキルの複雑さなどが含まれる．就学前から第 10 学年に関する達成スタンダードは学年ごとに示され，その学習の質は，知識，スキル，理解などを合わせたかたちで記述される．一方，第 11・12 学年については，学習領域ごとではなく内容がより特化した科目コースごとに示される．これは，特定のコースを履修している生徒が示すであろう一連の達成のレベルを表しており，学校内外での評価活動や試験においても使われうるものである．この「達成スタンダード」を示すことにより，児童生徒とその保護者への報告を助けることと，各州・直轄区をまたがってアセスメントと報告の一貫性を保つのを助けることが意図されている．ただし，第 11・12 学年については，各州・直轄区が独自に設定している後期中等教育修了資格取得のための試験との関わりにおいて特別な要求や期待を込めることが予見されている[19]．

「報告の枠組み」とは，就学前教育段階から第 10 学年の児童生徒に関して，学習の達成の度合いを示すものである．そこでは A から E までの評定 (grade) を使用することによって，児童生徒がその学年の達成スタンダードに到達しているかどうかを明示することになっている．C 評定が達成スタンダードと対応しており，C であれば基準を満たしていることを示す．また，A と B

図4—1　ナショナルカリキュラムの構成要素

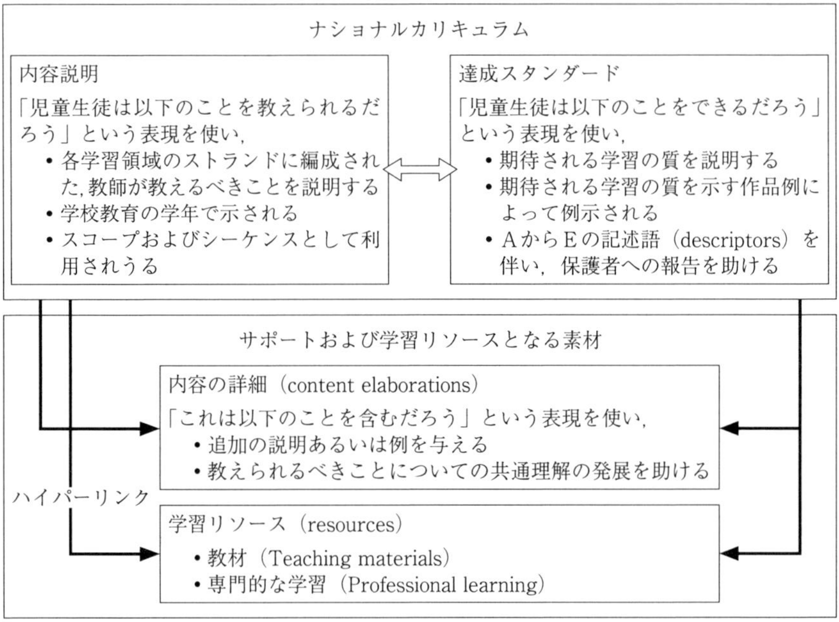

ナショナルカリキュラム
内容説明
「児童生徒は以下のことを教えられるだろう」という表現を使い，
• 各学習領域のストランドに編成された，教師が教えるべきことを説明する
• 学校教育の学年で示される
• スコープおよびシーケンスとして利用されうる
達成スタンダード
「児童生徒は以下のことをできるだろう」という表現を使い，
• 期待される学習の質を説明する
• 期待される学習の質を示す作品例によって例示される
• AからEの記述語（descriptors）を伴い，保護者への報告を助ける
サポートおよび学習リソースとなる素材
内容の詳細（content elaborations）
「これは以下のことを含むだろう」という表現を使い，
• 追加の説明あるいは例を与える
• 教えられるべきことについての共通理解の発展を助ける
ハイパーリンク
学習リソース（resources）
• 教材（Teaching materials）
• 専門的な学習（Professional learning）

出所）ACARA, *Curriculum Design Paper v2.0,* November 2009, p.20. の Figure 2: Element of the national curriculum.

は基準を超えていることを，DとEは基準を満たしていないことを示す．そして，それぞれの基準に対応する学習の質の差を示すために，児童生徒の作品例が用いられる．これにより，教師や学校，州・直轄区間での評価の一貫性を保つことがめざされているのである．

図4—1は，ACARAが示すナショナルカリキュラムの構成要素の相関図である．図に示されているように，ナショナルカリキュラムでは「内容説明」と「達成スタンダード」が互いに関連するかたちで位置づけられている．ここからは，教える内容だけではなく，その内容をどの程度のレベルで身につけなければならないのかを明示しようとしていることが分かる．達成すべき学習の質を明示することは，学習者の学習の成果と課題を把握することにつながる．そして，学習の成果と課題を把握することはその後の指導の改善につながる．

ここから，ナショナルカリキュラムでは児童生徒の学力保障を実現するための手立てが準備されているといえる．なお，この図において「報告の枠組み」という用語は見られないが，児童生徒の学習状況はスタンダードにもとづいて報告されることから，図の「達成スタンダード」と重なるものと考えることができる．

図にはこれらの要素に加えて，「内容の詳細」および「学習リソース」が示されている．これらは，ナショナルカリキュラムの具体化をサポートしたり，実践のための有用な学習リソースとなったりする素材として位置づけられている．教育内容と達成スタンダードを示すだけではなく，カリキュラムや授業の具体化をサポートする学習リソースなどを準備することによって，スタンダードの達成に向けた十分な教育活動の実現がめざされているのである．

なお，ナショナルカリキュラムの開発にあたっては，教え方を前もって固定してはならず，柔軟性をもたせることが重要であるとされている．これは，児童生徒の発達段階や学習の到達度などの差異に対応するためである[20]．また，ナショナルカリキュラムで示されているスタンダードは評価の方向性を示したり情報提供をしたりするにとどまり，具体的な評価方法については教師や学校，初等中等教育政策実施機関に決定が委ねられている[21]．ここからはまず，教育内容や達成スタンダードを明示することによって最低限の教育内容と水準を全国的に維持しようとしていることが指摘できる．また，それに加えて，ナショナルカリキュラムを具体化し実践する者としての明確な位置づけが教師に与えられており，教師の自律性の保障がめざされていることが分かる．

第4節　カリキュラム改革の展望と今後の研究課題

(1)　実践に生きるナショナルカリキュラム開発のあり方

以上の検討をふまえると，ラッドおよびギラード政権によって進められてきたナショナルカリキュラム開発には，「原理の明確化」「カリキュラムに関する

表4—4 「算数・数学」の学習領域の「原理」

算数・数学の学習は，すべてのオーストラリア人の生活を豊かにし，チャンスを作り出す．オーストラリアの算数・数学のカリキュラムは児童生徒に，「数と代数」「測定と幾何学」「統計と確率」に関する必須の数学的スキルと知識を提供する．それは，私生活，労働生活，そして市民生活においてすべての児童生徒が必要とするニューメラシーの能力を発達させるとともに，数学の専門家や専門的職業に就いて数学を使う者に必須の基礎を提供する． 数学とは独自の価値と美しさをもつものであり，児童生徒が数学的な推論の優雅さ（elegance）や強み（power）を十分に理解することがめざされている．数学的思想（ideas）は何世紀にもわたりあらゆる文化を超えて発展してきたものであり，現在でも展開し続けている．デジタル技術は数学的思想の展開に寄与し，また，数学的な探究や発明を続けるための新たなツールを手に入れさせる．オーストラリアの算数・数学のカリキュラムは，より複雑で精緻化された数学的な理解，流暢さ，論理的推論，分析的思考過程，問題解決スキルを児童生徒が発展させることに焦点をあてている．それらは，知識にもとづく決定と効果的な問題解決をするための数学的な方略を用いることで，なじみのある状況となじみのない状況に対処できるようにするためのものである． オーストラリアの算数・数学のカリキュラムでは，算数・数学のさまざまな要素と他の学問領域との関連を明確にしようとしている．算数・数学は，児童生徒が他の学問領域で利用する，多様だが相互に関連し依存した概念や系から成っている．たとえば科学では，数学的なモデルを使うときと同様に，誤差の原因やそれが結果の確かさに与える影響を理解することが不可欠である．地理では人口や物理的環境の調査を支えるデータの解釈が必要であるし，歴史では関連ある出来事の関連性を確認する（reconcile）ための対照年表や時間枠を想像できるようになる必要がある．英語では，量的な情報や空間的な情報を引き出すことが，文章の意味を明確にするための重要な側面の一つである． カリキュラムは，すべての児童生徒が数学的な推論の強みを手に入れることから利益を得たり，数学的な理解を創造的かつ効果的に利用できるようになったりするのを学校が保証することへの期待を込めて書かれている．算数・数学のカリキュラムは児童生徒に，批判的スキルと概念についての，注意深く調整された綿密な学習を提供する．それは，困難だがやりがいと魅力のある経験の中で調査したり，そうした経験に活動的に参加したりすることを通して，児童生徒が自発的で自信に満ちた学習者となるのを促すよう教師に働きかける．

出所）ACARA Australian Curriculum Consultation Portal, *Draft Consultation version1.1.0.*, p.1（http://www.australiancurriculum.edu.au/Documents/K10/Mathematics%20curriculum.pdf：2010年10月30日アクセス確認）

一貫した見通しの確立」「教育者の真の関わりの保障」という三つの視点に関する取り組みを見て取ることができる．明確な原理にもとづく一貫した見通しをもってナショナルカリキュラムを開発することには，すべての児童生徒に一定の教育内容の獲得を保障するという点において重要な意義がある．また，明確な指針を提示したり教師を含む多様な立場の関係者を作成過程に関わらせたりすることは，教師がそれぞれの学校においてカリキュラムを具体化したり実践したりするのを助けるとともに，現場の実態や教師の声をナショナルカリキュラムに反映させることにつながる．どれだけ緻密で体系的なナショナルカリキュラムを開発したとしても，それが現場の実態に即すものでなければ，現場を混乱させたり，現場に不要な負担を与えたりするものとなりかねない．オーストラリアの取り組みは，真に実践に生かすことのできるナショナルカリキュラム開発のあり方を探るうえで一つの可能性を示すものといえるだろう．

ただし，実践に対するナショナルカリキュラムの有用性を測るためには，開発のプロセスだけでなく，完成したカリキュラムの内容を吟味することも不可欠である．以下では，「協議」にかけられた「算数・数学」のナショナルカリキュラム案に焦点をあてて，その内容を見ていく．

表4―4は，ナショナルカリキュラム案に示された「算数・数学」の「原理」である．そこでは，算数・数学の学習がすべての児童生徒に必須の能力を身につけさせるためのものであることや，現代社会で大きな役割を果たしているデジタル技術と算数・数学との関係，他の学習領域との関連性などが説明されている．また，数学的な理解を創造的かつ効果的に利用できるようになることや自発的で自信に満ちた学習者になること，学習経験への活動的な参加をめざすといった記述からは，メルボルン宣言で示された学校教育目標との関連を見て取ることができる．このように「原理」では，学校教育目標の達成に向けた実践の方向性についての共通理解がはかられようとしている．ただし，先に示した「一般的な能力」に関しては，とくに「チームワーク」「異文化間の理解」「社会的能力」などとの直接的な関連性が分かる記述が必ずしも見られる

表4—5　第10学年「数学」の内容説明と達成スタンダード

第10学年　内容説明		
数と代数	統計と確率	測定と幾何学
1．金融に関わる計算 帰納法の利用を含んだ金融に関わる計算問題を解くとともに，それらの方法を拡張してICTの利用を含んだ盛衰を調査する 2．比例 正比例と反比例を含んだ問題を解く 3．座標幾何学 数平面上の距離，中点，ある区間の傾きを見つける図式解法と分析法を理解し利用する 4．二次式 多様な方略を用いた二次式の展開と因数分解の方法を理解する 5．関数 放物線，円，指数関数などの関数および相関の代数表現とグラフ表示を関連づける 6．方程式 代数的に，図式的に，そしてテクノロジーを利用して，非線形方程式を解く	1．データ表現 箱ひげ図を作図および解釈するとともに，類似した箱ひげ図によって示されたデータセットを比較する 2．データ調査 データ志向の問題を提起し，サンプリング，データ収集およびデータ表現の計画を立て，結論づけとその正当性の証明を行い，調査報告を行い，その選択を評価する 3．可能性 同様に確からしい結果を伴う一段階試行および二段階試行に関して，その標本空間における二つの事象が独立しているのかしていないのか，あるいは互いに排反するのかを識別する 4．データ解釈 メディアやそれ以外のところにある統計報告の内容を，表示，統計資料，抽出サンプルと関連づけることで評価する	1．幾何学 合同と相似を含む形状と物体を，正式な数学用語を用いて分類する 2．三角法 三角比を用いてうまく作業するとともに，三つの三角比を用いながら，仰角と伏角の向きと角度を含む直角三角形について，三角比の利用を必要とする問題を解く 3．表面積と体積 角錐，円錐，球体の表面積と体積を含む問題を解く 4．緯度と経度 大円を利用して，緯度と経度，地表の距離を含む問題を解く
達成スタンダード（第10学年） 生徒は第10学年の終わりまでに，金融，比例，三角法，および面積や体積，地表の距離の計算を含む問題を解く場面において，数と代数をうまく用いることができる．関数の代数表現とグラフ表示を容易に解釈したり関連づけたりするとともに，それらを用いて方程式を分析したり解いたりする．適切な数値手法や工学的手法，図式的手法を選び，示されたデータセットの解釈と比較を行ったり，一段階試行と二段階試行の理論的確率を自信をもって決めたり，独立の概念を理解したりする．合同と相似の適用を含む幾何学的証明を容易に解釈したり組み立てたりする．常に適切な形式で解答を伝えるとともに，結果の妥当性の判断や使われた方略と手法の評価を行うことができる．		

出所）ACARA Australian Curriculum Consultation Portal, *Draft Consultation version 1.1.0.*, p.21.

とはいえない．

表4―5は，「算数・数学」のナショナルカリキュラム案における，第10学年の内容説明と達成スタンダードに関する記述の抜粋である．ここからはまず，「数と代数」「統計と確率」「測定と幾何学」という三つのストランドに分類された教育内容とスタンダードが明示されていることと，両者が対応していることが分かる．ただし，内容説明と達成スタンダードに関する記述からは，どの程度の学習の質を保障しなければならないのかを把握することは難しい．たとえば「問題を解く」「理解する」という表現では，どの程度の問題を解けなければならないのか，どの程度の理解が必要なのかといったことが不明確なためである．

内容説明では，各ストランドがさらに「比例」「二次式」「方程式」などの学習テーマに分類されている．説明されている内容を見てみると，たとえば「正比例と反比例を含んだ問題を解く（2．比例）」「多様な方略を用いた二次式の展開と因数分解の方法を理解する（4．二次式）」と示されていることから，各テーマに関する基本的な知識やスキルの獲得とその活用に主眼が置かれていることが分かる．また，「一般的な能力」については直接的には触れられていない．

以上のように，「原理」および内容説明と達成スタンダードの記述からは，実践の方向性や教育内容が明示されている一方で求められる学習の質や「一般的な能力」との関連性が不明確であることが分かる．もちろん，カリキュラムの内容を厳密に規定しすぎることは教師の自律性を奪うことにつながりかねないため，必ずしも歓迎されることではない．また，「一般的な能力」は学校教育全体を通して児童生徒に身につけさせるべき能力とされているため，各学習領域の内容説明で必ずしも取り上げられるべきものとはいえない．さらに，先述のように，ナショナルカリキュラムはただ現場に提示されるのではなく，実施に向けた説明や教師の研修の機会が設けられたり教材が提供されたりする．そのため，ナショナルカリキュラムの記述だけでその有用性を判断することはできない．したがって，開発されたナショナルカリキュラムが実践に生きるものとなりえるのかどうかについては，その完成版の検討に加えて，具体的な実践への生かされ方や現場での評価も含めた検証が必要となるだろう．これが今後の研究課題の一つ目である．

(2) 全国学力調査がナショナルカリキュラムに及ぼす影響

上記の点に関連して，全国学力調査がカリキュラムに及ぼす影響についても今後の動向を見守る必要がある．ACARA の担う役割からも分かるように，現行のナショナルカリキュラムをめぐる教育改革は，全国学力調査と結びつけて進められている．これは，あらかじめ示した達成スタンダードに児童生徒が到達したかを把握するとともに，必要に応じて適切なサポートを行うためのデータ収集を行うという点で重要な意義をもつ取り組みであるといえる．

ただし，全国学力調査の一つに位置づけられているニューメラシーの調査問題を分析してみると，そこで測られようとしている学力は，図形や割合，代数などに関する公式や性質についての基本的な知識や計算スキルであることが分かる[22]．これに関してはまず，調査問題とナショナルカリキュラムが対応し，全国学力調査を通してナショナルカリキュラムで示された教育内容の到達度が測られやすいものとなっていることが考えられる．表４―５に示した内容説明および達成スタンダードでも基本的な知識やスキルの獲得とその活用に主眼が置かれているためである．しかしながら，たとえば「一般的な能力」として示されていた「チームワーク」「倫理的なふるまい」「社会的能力」などの到達状況は，ペーパーテスト形式の調査問題で十分に測られるものとはいえない．つまり，全国学力調査で優れた成果をあげただけでは，ナショナルカリキュラムでめざされている目標を十分に達成できているとはいい切れないのである．したがって，全国学力調査については，その意義だけでなく限界も十分に理解したうえで，ナショナルカリキュラムや各学校の授業の改善に生かす必要があるといえるだろう．

また，全国学力調査がナショナルカリキュラムに及ぼす影響について考える際には，調査結果の使われ方にも注意する必要がある．オーストラリアにおいて全国学力調査の結果は現在，児童生徒一人ひとりにフィードバックされるとともに，学校ごとの状況としてまとめられ，ACARA によって運営されている「私の学校」ウェブサイト（My School Website)[23] を通して一般公開されている．「私の学校」ウェブサイトでは，オーストラリアにある 10000 校程度の学校に関して，所在地や児童生徒数，教員数，リテラシーとニューメラシーの全国到達度評価プログラム（全国学力調査）（National Assessment Program - Literacy and Numeracy: NAPLAN）の結果などを検索するとともに，他校との比較を行うことができる．これにより，学校教育に関わる取り組みの実態と成果に関するアカウンタビリティを果たすことと，公開された情報にもとづく学校選択を可能にすることで児童生徒一人ひとりに少しでも質の高い学校教育を提供することが意図されているのである．

オーストラリアでは，全国学力調査で低い到達度を示した児童生徒に対してはそのサポートのために特別の予算が提供されるなど，競争ではなく支援による学力向上政策が採られてきた[24]．しかし，「私の学校」ウェブサイトを使えば各学校の児童生徒の到達度を容易に比較することができるため，ACARA の意図にかかわらず，各学校の序列化と学校選択が連動して進められたり，不人気校が固定化してしまったりする危険性もある．こうした状況が生まれた場合，全国学力調査で優れた成果を収めることへの圧力が高まり，学校のカリキュラムや教師の教育活動，児童生徒の学習活動が「学力調査対策」のものへと変容してしまうことも懸念される[25]．

学校教育に関わる取り組みの実態と成果に関するアカウンタビリティを果たすことと，各学校の教育の質の向上や個々の児童生徒に合わせた教育内容および教育方法の多様性の保障をどのように両立させていくのかは，日本においても重要な課題の一つである．オーストラリアではカリキュラム改革においてこの課題にどのように取り組んでいくのか，その成果と課題を含めて，今後の動向に注目する必要があるだろう．これが，今後の研究課題の二つ目である．

オーストラリアにおけるカリキュラム改革は今まさに進行中であり，その取り組みの成果と課題を現時点で分析するのは性急に過ぎる．しかしながら本章で明らかにしてきたように，国家規模での児童生徒の学力保障をめざした取り組みや，実践者たる教師の自律性を保障したナショナルカリキュラム開発のあり方など，オーストラリアのカリキュラム改革には注目すべき点がある．本章で得られた展望や研究課題をふまえて，今後の研究を進めていきたい．

注)

1）こうした教育改革の歴史的展開については，笹森健「1980 年以降の教育改革の理念と動向」石附実・笹森健編『オーストラリア・ニュージーランドの教育』東信堂，2001 年，pp.27-37 を参照されたい．

2）ステイトメントとは教育課程開発のための全国的な枠組みを，カリキュラム・プロファイルとは各学習領域における成績評価の全国的な枠組みを示した文書である．その詳細およびナショナルカリキュラム開発に関する当時の動向については，佐藤博志「オーストラリアにおけるナショナル・カリキュラムに関する考察—実施過程を中心に」『比較教育学研究』第 22 号，1996 年，pp.101-112 を参照されたい．

3）「デモクラシーの発見」プログラムおよびオーストラリアのシティズンシップ教育の詳細については，飯笹佐代子『シティズンシップと多文化国家—オーストラリアから読み解く』日本経済評論社，2007 年を参照されたい．

4）その詳細については，青木麻衣子「オーストラリアの学校教育改革— 1990 年代以降を中心に」『オセアニア教育研究』第 12 号，2006 年，pp.39-50 を参照されたい．

5）「学習のステイメント」に関するウェブサイト（http://www.mceecdya.edu.au/mceecdya/statements_of_learning,22835.html：2010 年 11 月 11 日アクセス確認）より．

6）Australian Curriculum Studies Association, *National Approaches to Curriculum Forum (February 2006): Forum Report,* 2006, p.3.

7）当時，カリキュラム開発センター（Curriculum Development Centre）設置などの動きも見られた．

8）Australian Curriculum Studies Association, *Approaches to National Curriculum Work, Invitational Symposium (August 2006) - Report,* 2006, p.6.

9）MCEETYA は 2009 年 7 月 1 日に，教育幼年期発達青少年問題担当大臣審議

会（Ministerial Council for Education, Early Childhood Development and Youth Affairs: MCEECDYA）に再編された.

10）MCEETYA, *Melbourne Declaration on Educational Goals for Young Australians,* 2008. メルボルン宣言に関する以下の記述は，主に，同宣言の pp.4-17 にもとづく.

11）2008 年 12 月公布の「ACARA 法 2008」（*Australian Curriculum, Assessment and Reporting Authority Act 2008*）を受けて設立された ACARA は，2009 年 5 月 21 日から 22 日に最初の理事会を開き，本格的に活動を開始した．詳細は ACARA のホームページ（http://www.acara.edu.au/default.asp：2010 年 11 月 11 日アクセス確認）を参照されたい.

12）以下の記述は，ACARA, *Curriculum Development Process (ver 3.0),* August 2009 にもとづく.

13）ACARA, *Australian Curriculum, Assessment and Reporting Authority Annual Report 2008-2009,* Commonwealth of Australia, 2009, p.15.

14）*Ibid.,* p.13.

15）ACARA, *Curriculum Design Paper v2.0,* November 2009, p.16.

16）*Ibid,* p.13.

17）*Ibid,* p.11.

18）*Ibid,* pp.5-6.

19）*Ibid,* p.28.

20）*Ibid,* p.7.

21）National Curriculum Board, *The Shape of the Australian Curriculum,* Commonwealth of Australia, 2009, p.14.

22）全国学力調査の概要と問題分析の詳細については，木村裕「オーストラリアの全国学力調査―学力保障の実現に向けた学力調査のあり方」（平成 19-21 年度文部科学省科学研究費補助金研究成果最終報告書，研究代表者：田中耕治『リテラシーの育成をめざす評価規準と評価方法の開発』2010 年，pp.184-193.）を参照されたい.

23）「私の学校」ウェブサイト（http://www.myschool.edu.au/：2010 年 11 月 11 日アクセス確認）

24）その全体像については，伊井義人「オーストラリアにおける学力向上政策」『教育制度学研究』第 14 号，2007 年，pp.212-216 を参照されたい.

25）こうした議論は，イギリスや日本の近年の教育改革をめぐっても見られる（たとえば，佐貫浩『イギリスの教育改革と日本』高文研，2002 年，阿部菜穂子『イギリス「教育改革」の教訓―「教育の市場化」は子どものためにならない〔岩波ブックレット No.698〕』岩波書店，2007 年，藤田英典『義務教育を問いなおす』筑摩書房，2005 年などを参照されたい）.

コラム④

オーストラリアから見た日本のカリキュラム

オーストラリアから日本のカリキュラムに関する特徴を見た場合，まず挙げられるのは学習指導要領の存在とその位置づけであろう．学習指導要領は各学校が教育課程を編成する際に従うべき国家基準であり，全国的に一定の教育内容と水準を維持する役割を担っている（なお，「教育課程」とは行政用語であり，一般的には「カリキュラム」の語が使われることも多い．それぞれの用語には異なる意味が込められているとする主張もあるが，両者のさす内容は重なってきていると考えられるため，本コラムでは同義のものとして扱う）．これはオーストラリアのナショナルカリキュラムとは異なり法的拘束力をもっているため，全国の各学校の教育活動に対して強い影響力をもってきた．

ただし，1998 年の学習指導要領改訂において総合的な学習の時間が導入されたのを一つの契機として，各学校の創意工夫にもとづく教育課程編成に注目が集まるようになった．また，2003 年には学習指導要領の「基準性」の明確化や「はどめ規定」の見直しが行われ，教師の判断にもとづいて学習指導要領の内容を超えた指導を行うことが可能になった．こうした動きを背景として，日本でも「学校に基礎をおいたカリキュラム開発」（School-Based Curriculum Development）の重要性が強調されるようになっている．

「学習指導要領にもとづく厳格な全国統一の教育課程編成の実施」から「各学校の自由裁量の拡大」へという動きが見られる日本と，「各学校の大幅な自由裁量にもとづく教育課程編成の実施」から「ナショナルカリキュラムにもとづく統一性の拡大」へという動きが見られるオーストラリア．一見逆の動きをしているようにも見える両国だが，一定の教育内容および水準の維持と，教師や学校の自律性の保障をどのように両立させるのかという共通の課題に取り組んでいるといえる．

また，日本でもオーストラリアと同様に，「教育課程実施状況調査」「全国学力・学習状況調査」と呼ばれる全国学力調査の実施や，PISA 調査および TIMSS 調査への参加が行われている．いうまでもなく，これらの学力調査は児童生徒の学習実態の把握およびその後の指導と学習の改善を目的としている．しかしながら日本では，学力調査で少しでもよい成績をあげるために，不正が行われたり，学校において学力調査の問題に対応するための授業が行われたりするといった事例も見られ，その実施の是非や調査のあり方については賛否両論がある．児童生徒の学力保障や指導と学習の絶えざる改善のためには学習実態の把握が不可欠だが，全国学力調査の実施方法やカリキュラムの改善への生かし方については十分な吟味が必要である．これもまた，日本とオーストラリアの共通課題であるといえよう．

このように，オーストラリアと日本のカリキュラムをめぐる教育改革にはいくつかの共通課題を見出すことができる．両国のこれまでの取り組みや研究蓄積を共有し，学び合うことが重要であろう．

第5章 大学教育

第1節　オーストラリアにおける大学教育の現状

(1)　大学教育に関する政策動向

近年，オーストラリアでは，政府による高等教育への関与が強まっており，それに伴う財政的な支援も活発になっている．その中で，大学における教育はどのように変化してきているのだろうか．

高等教育をめぐっては，大きく二つの潮流がある．第一に，1990年代に始まった政府から大学への財源削減により，学生の自己負担が強まったことである．これにより，学生からよりよい教育を求める声が高まり，教育の質向上への圧力が強まった．第二に，コロンボ計画[1)]に始まった留学生への支援が，留学生ビジネスへと大きく転換されたことである．今日では，留学生産業は，オーストラリアにとってなくてはならない重要なビジネスとなっている．こういった背景の中，大学には，効率的（efficient）かつ効果的（effective）な教育が強く求められるようになってきている．

2008年に出された，「ブラッドリー・レビュー[2)]」（Review of Australian Higher Education - Final Report，通称Bradley Review）を受けて，2009年には「オーストラリア高等教育システムの転換[3)]」（Transforming Australia's Higher Education System）という政策が打ち出された．この中で，オーストラリアには，急速に変化する不安定な将来にも対応できる高度な技術をもった人材が必要であり，この目的を達成するために高等教育はその中核に位置づけられることが明示されている．

「オーストラリア高等教育システムの転換」政策により，高等教育に対する資金配分の増加方針が明確にされ，今後4年間に，54億豪ドルが高等教育と研究のサポートに充てられることとなった．その中でめざされているのは，質の高い教授と学習，社会的経済的に恵まれない学生の高等教育へのアクセスや成果の改善，インフラの整備などである[4)]．2008年の段階で29%であった，25歳から34歳までのオーストラリア人の学士号保有率を，2025年までに40%に引き上げることが一つの指標として掲げられている．

同政策の一つのポイントは，2012年から，学生からの需要（student demand）に連動した資金配分方式（student-centred funding system）がすべての大学に導入されることである．この方式の導入により，各大学は学生からの需要をベースとして財源を確保していくことになる．学生数が確保できない部分に関しては，政府は以前のような大学に対する資金援助をしないようになる．この方式に移行するための第一段階として政府は，各大学の学生定員に対してその定員を超過してよい割合を，2010年に5%から10%に引き上げ，2012年には定員に対する規制を完全になくす方針である[5)]．この変更により，政府からの干渉は緩和される一方で，学生獲得をめぐる大学間競争は今まで以上に熾烈なものになり[6)]，大学にはより一層，経営の効率化が求められるようになるだろう．

次に，同政策に充てられる資金のうち15億豪ドルを占める教授と学習について見ていく．

オーストラリアの大学における教員対学生比は，1996年の1対15から，2006年には1対20に急増している．図5－1は，オーストラリア大学協会（Universities Australia）のメンバーである大学について，教員対学生比をグラフにしたものである．この政策ではまず，教員対学生比を引き下げることがめざされている．

同政策ではまた，オーストラリアの高等教育は，学生に対して，興味・関心を刺激する有益な経験を提供するべきであるという方針が示されている．これ

図5－1　教員対学生比（教員1人に対する学生数）の推移

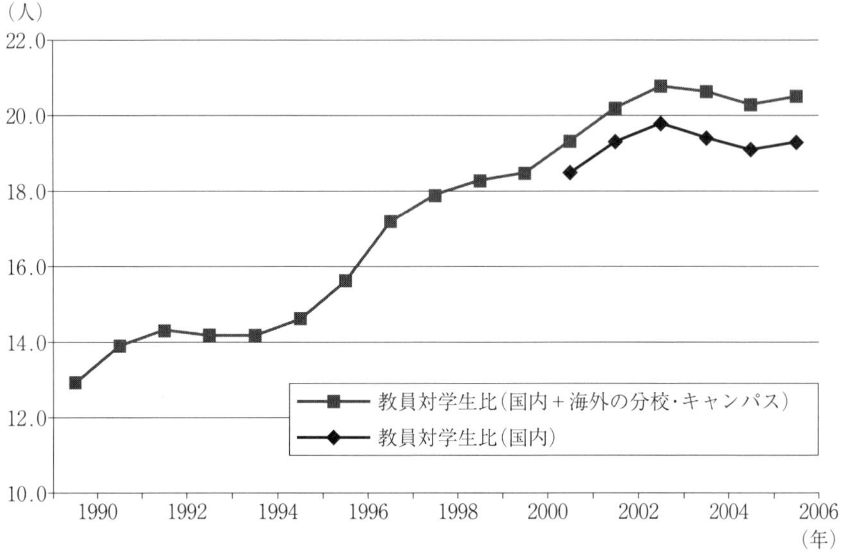

出所）Department of Education, Employment and Workplace Relations, *Higher Education Student and Staff Statistics 1990 to 2000,* および Department of Education, Science and Training, *Unit Record Files 2001-2006,* および Bond University, *Management Report August 2007* (data for 2001 to 2006 only) をもとに筆者作成.

は,「ブラッドリー・レビュー」で述べられている「教授と学習の質の維持・改善は，大学が将来的に成功するための決定的な要素であり，学生には最高の質の教授と学習，興味を引き出す有益な高等教育の経験が提供されるべきである[7]」という考え方を踏まえたものである．さらに，オーストラリアの第三の輸出産業である留学生ビジネスを維持するためにも，質の高い高等教育システムが必要であると指摘されている[8]．

このように，学生からのニーズや留学生ビジネスといったさまざまな観点から，大学には教育の質向上が求められているのである．

(2)　大学教育の質向上と経営の効率化――問題の所在――

「オーストラリア高等教育システムの転換」政策の意図は，各大学に対する財政的なサポートが十分なうちに，各大学のインフラを整備させたり，教授と学習の改善を促し，大学間の競争に備えさせることにある．言い換えれば，市場原理により経営の効率化を今まで以上に推進するとともに，学生にとっての大学の魅力を高めるために，質の向上も求めるという政策なのである．これは市場原理にのっとった，政府による巧みな大学のコントロールの仕方といえるであろう．

しかし，教育の質向上と経営の効率化という，一見すると相反するような理念をどのように実現させることができるのだろうか．また，各大学の教育現場では，どのような方針で両目標を達成しようとしているのか．

本論の目的は，オーストラリアの大学が大きな転換期を迎えている中，各大学が経営の効率化と教育の質向上にどのように対応しているかを明らかにすることである．その中でも，筆者はとくに，教育の質向上のために大学教育の現場ではどのような授業が展開され，その一方でどう効率化が図られているかということに関心をもっている．

本章の次節以降の構成は，次の通りである．第２節では，オーストラリアの大学教育において活用されている教授形態，その中でもとくに，中心的な教授パターンについて考察する．さらに，オーストラリアの大学で多用されているチュートリアルという教授形態に着目し，それが学生の学びにどう役立てられているのかについて検討する．第３節では，実際の教育現場に視点を移し，経営の効率化というプレッシャーに対応させるために，チュートリアルがどのように変容させられてきているのかについて考察する．

第２節　大学教育における教授形態

(1)　講義とチュートリアルの併用

オーストラリアの大学にはどのような教授形態があり，それぞれの教授形態はどのように関連づけられているのだろうか．

オーストラリアの大学では一般的に，大人数で受ける２時間の講義の後に，１時間のチュートリアルという授業が組み合わせられている．講義の後，学生は 12 ～ 20 人ずつのグループに分かれ，チュートリアルを受ける．チュートリアルでは，講義で十分に理解できなかった点についてチューターに質問したり，講義で学んだ内容についてディスカッションをしたりする中で，学生は講義の内容を自分の関心に引き付けて捉え直すことができる．なお，チューターになるのは，講師や大学院博士課程の学生である．チューターには，熟練した説明ができるのと同時に，ディスカッションをうまく導いていくことなどが求められる．

オーストラリアの大学では，上記のチュートリアルをはじめ，セミナー[9]，個別チュートリアル[10]（スーパービジョン）等，Small Group Teaching と呼ばれるものが，講義を補うものとして広く活用されている．しかし，そもそもどうして，これらの多様な教授形態を駆使して講義を補う必要があるのだろうか．

講義に対しては，歴史的に見ても，以下のような批判が多かった．学生が，講義で学んだ内容を習得できるという保証はなく，しばしばその伝達は不十分なため，学生は受動的で孤立した状態に陥る[11]．また，講義で十分に理解できなかった点について質問したりディスカッションしたりする機会はほとんどない．そのため講義では，学生の自己表現や言葉をやりとりするという自然な欲求が抑制されてしまっている．しかし本来，学習においては，学生の学びに対する教員からのフィードバックが大切である．

講義を受けることで学生は，試験の際に思い出せるような知識は習得できるかもしれないが，実際に社会に出て仕事をするときに求められる応用力を身につけることはできない[12]．というのも，講義では，学生が学んだことを復習する機会はほとんどないからである．だが，学生がある概念を記憶の回路に組み入れ，それを使えるレベルにまで発展させ，他の知識と関連づけるためには，繰り返し学ぶことが大切である．

以上のような理由から，講義は Small Group Teaching によって補われる必要があるのである．その中でも，オーストラリアの大学教育において多用されているチュートリアルとは，チューターと十分議論ができるくらいの小さな学生集団に対して行うものであり，そこではチューターと学生の間で行われるディスカッションを通して，学生主体の学びが展開される．講義は知識を得ることが目的なのに対して，チュートリアルでは，自分の考えを述べて他の学生とディスカッションする中で学びを深めていくことができる．

(2)　チュートリアルの特徴

ここではまず，チュートリアルの歴史的な変遷について概観する．次に，イギリスのチュートリアルとオーストラリアのチュートリアルを比較し，オーストラリアのチュートリアルの特徴を明らかにする．

オーストラリアの教育制度は，イギリスとの密接な関係の中で発展してきた．オーストラリアは，高等教育機関の創設時から，いくつかのイギリスの大学をモデルとし，旧宗主国であるイギリスの影響を大きく受けてきた．1850年にシドニー大学が設立された際には，ロンドン大学とオックスブリッジ[14)]からの影響を受け，実際にイギリスから教員が移動してきたことにより，多くの要素が伝播した[13)]．

チュートリアルも例にもれず，イギリスからオーストラリアに伝播した教授形態であり，その影響が見られる．一方で，オーストラリアに入ってきてからチュートリアルはその要素を変容させてきている．ここでは，イギリスのチュートリアルとオーストラリアのチュートリアルを比較することで，オーストラリアのチュートリアルの特徴を浮かび上がらせたい．

チュートリアルは，イギリスのオックスブリッジにその起源をもつ．イギリスにおけるチュートリアルとは，１人のチューターが学生１〜４人に対して行う少人数指導のことである．学生がチュートリアルのために書いてきたエッセイに対し，チューターが批評を行い，その後チューターと学生の間でディスカッションが行われる．一連の流れの中で，学生の興味・関心が深められ，その知的・精神的成長が促される[15].

イギリスとオーストラリアのチュートリアルを比較すると，以下の三つの相違点が指摘できる.

第一に，講義に対するチュートリアルの位置づけが異なっている. イギリスではチュートリアルが中心的な位置にあり，講義がチュートリアルをサポートしている. これに対して，オーストラリアでは講義が中心的なものと捉えられ，チュートリアルはそれをサポートするものと位置づけられている.

したがって第二に，イギリスのチュートリアルは，学生が用意したエッセイについてのディスカッションが中心となるのに対して，オーストラリアのチュートリアルは，講義の内容の理解を深めるための質疑応答やディスカッションがその中心となる.

第三に，チュートリアルにおける教員対学生比は，イギリスでは1対1～4なのに対して，オーストラリアでは1対12～20であり，一人のチューターが担当する学生数が多い.

このように，イギリスとオーストラリアでは，チュートリアルに対する考え方や捉え方が異なっている.

次に，オーストラリアのチュートリアルについてさらに理解を深めるために，メルボルン大学とモナシュ大学のチュートリアルを概観する. まず，メルボルン大学では，チュートリアルは以下のように捉えられている.

チュートリアルは，講義を補うものである. 講義では，一般的に，講師が情報や理論などを大人数の学生に伝達する. 講義の間，講師が話したことに対してディスカッションしたり質問をしたりする機会はほとんどない.

それに対してチュートリアルは，講義よりもカジュアルで，少人数で行われる. チュートリアルは，分析的な考え，問題解決方法，グループ・ワーク，プレゼンテーションに必要なスキルを習得する機会となる. たとえば，ディスカッションの進め方を学ぶ練習になるし，他の学生の考えを聞くことができ，自分の考えを試すこともできる.

メルボルン大学では，チュートリアルを最大限に活用するため，学生に以下の点に配慮することを奨励している．

- チュートリアルで扱うトピックに関して十分な準備をする．
- ディスカッションに積極的に参加する．
- ディスカッションするトピックについて理解を深めるために，質問をする．
- 他の学生に考えてもらうために，自身の考えを述べる．
- 他の学生の発言を尊重して聞く．

上記の点にあるように，チュートリアルに積極的に参加するためには，準備をしてチュートリアルに臨む姿勢が肝要である．準備すればするほど，チュートリアルの価値は高くなる．チュートリアルでディスカッションができるように，読んだ文献や講義に関しての質問やコメントを書き留めておくことが大切である．

チュートリアルへ参加することは，大学でできる経験の中でも重要な位置を占める．質問をしたり，文献についてディスカッションしたり，チューターがあらかじめ出していた問いに答えたりすることで，チュートリアルから多くのことを得られるだろう．チュートリアルに積極的に参加できるようになるためには，場数を踏むことが大切であり，そのためには，チュートリアルに定期的に出席する必要がある[16)]．

他方，モナシュ大学では，チュートリアルでの学びを深めるために，チュートリアルの中で行われるディスカッションに参加する際に以下のような方法が有効であるとしている．

- 他の学生が発言したことに対して賛成の立場をとった上で，自分の考えを付け加える．

- 他の学生が発言したことに対して反対の立場をとった上で，自分がそのように考える理由を述べる．
- 新しい視点を提示したり，質問したりする[17)]．

以上のような現状を踏まえて，チュートリアルのメリットとデメリットについて考えてみたい．イギリス，オーストラリア両国のチュートリアルのメリットとしては，以下の４点が挙げられる．

- 学生は，講義で学んだテーマに再び関わる機会をもつことができ，それについて考え，問題解決法を探り，学生の既存知識との関連を見いだすことができる．
- 学生の態度や価値観の発展に大きく影響しうる．
- トピックについてのディスカッションやプレゼンテーションを通して，話すスキルを向上させることができる．
- 学生は，チューターや他の学生から，考えや態度，価値基準についてチュートリアルの場でフィードバックをもらうことができる．そういった経験を通して，学生は，社会に出てからも役に立つスキルを習得することができる．

一方，デメリットとしては，少人数に対して行うため，教室やチューターの数を確保する必要があり，財政的にも時間的にも負担が大きいことが挙げられる．

さらに，オーストラリアのチュートリアルでは，一度に受ける学生数がイギリスに比べて多いため，発言の機会をめぐる競争が激しいことが指摘されている[18)]．

このようなデメリットももつチュートリアルは，経営の効率化が推奨されている現状に対応するために，どのように変容してきているのだろうか．

第3節　多様なチュートリアルの実践

第2節では，イギリスとオーストラリアを比較する中で，オーストラリアの伝統的なチュートリアルについて概観した．今日では，このような伝統的な対面型（face to face）のチュートリアルを補うものとして，あるいはその代替策として，インターネットを駆使したウェブ上でのチュートリアル（以下，ウェブ・チュートリアルとする）の実践が見られるようになってきている．

しかし，チュートリアルの核である，対面型での学生へのきめ細やかな教育と，コスト削減の極限であるかのように見えるインターネットを使った教育という，いわば両極端なものを，どのように組み合わせることが可能なのだろうか．また，ウェブ・チュートリアルの実践に至った背景は何だろうか．

(1)　対面型チュートリアルとウェブ・チュートリアルの併用 ——西オーストラリア大学における実践——

ここでは，伝統的な対面型のチュートリアルとウェブ・チュートリアルを併用している実践を，西オーストラリア大学（University of Western Australia）における取り組みを事例として考察する．

西オーストラリア大学は，1911 年に創設された，西オーストラリア州最古の大学である．現在では，オーストラリア国内の主要研究大学８校で構成される Group of Eight のメンバー校となっている．同大学では，建築，人文科学，ビジネス，教育，工学，法学，体育，医学，農学を学ぶことができる．

ビジネスの分野におけるマーケティングの授業実践に着目すると，2004 年の段階では，全 11 回行われるチュートリアルのうち，10 回は対面型で，残りの１回はウェブ上で行われていた[19)]．

その後修正が加えられ，今ではほぼ半分がウェブ上で行われるようになった．１週目のチュートリアルではオリエンテーションを行い，２週目は対面型のチュートリアル，３週目はウェブ・チュートリアル……と交互に続く（表５

表5—1　チュートリアルの実施形態

	チュートリアルの形態
Week 1	オリエンテーション
Week 2	対面型
Week 3	ウェブ（練習）
Week 4	対面型
Week 5	ウェブ
Week 6	対面型
Week 7	ウェブ
Week 8	対面型
Week 9	ウェブ
中休み	
Week 10	対面型
Week 11	ウェブ
Week 12	対面型
Week 13	ウェブ

出所）西オーストラリア大学におけるビジネス・マーケティングの授業資料より筆者作成．

—1）．

ウェブ・チュートリアルが考案された背景の一つとして，留学生への対応が挙げられる．アジア人の留学生は，対面型のチュートリアルでは発言せず，ただひたすらノートをとり続けている傾向がある．西オーストラリア大学のビジネスの学部では，そうした留学生への対応の一つとして，ウェブ・チュートリアルが考案された．

ウェブ・チュートリアルでは，学生は自分の意見を投稿して，何日か後にまたログインする．そして他の学生の意見を読み，じっくり考えた上で，また違う意見を書く．このようなプロセスの中で，学生の思考は深められる．挑戦的な雰囲気のある対面型のチュートリアルを補うものとしての，ウェブ・チュートリアルには，あまり発言しない学生も含めて，協調性を養おうという狙いがある．

ウェブ・チュートリアルのメリットとしては，対面型のチュートリアルと比べて，教室，チューター，配布資料などの面でコストを抑えられる点が挙げられる．また，同時にディスカッションしなくてよいため，学生は自分たちの都合の良い時間にログインし，ディスカッションに加わることができるのもメリットであろう．

一方，デメリットとして，対面型のチュートリアルではチューターから直接模範となるような答えをもらえるが，ウェブ・チュートリアルではそれがもらえない点が学生から指摘された．学生がウェブ上でもフィードバックを必要としていることが明らかになったため，ウェブ上で，質問とそれに対して模範となるような答えを載せるという改善が加えられた．毎週３～４題が出題され，翌週の対面型のチュートリアルで，チューターがフィードバックを与え，他の学生の答えと比較させるというふうに修正されたのである．

このようにウェブ・チュートリアルが浸透してきているのは，ウェブ・チュートリアルが，① コスト削減による経営の効率化，② 教育の質向上，③ 留学生の増加，という三つの状況に対応しているからではないだろうか．

学生の中には，ウェブ・チュートリアルは効率が悪いと考える者もいれば，柔軟で良いと考える者もいる．対面型とウェブの両スタイルのチュートリアルを組み合わせることで，多様な学生のニーズに対応できているのである．

(2)　講義とチュートリアルの融合
――クイーンズランド工科大学におけるレクトリアルの実践――

ここでは，講義とチュートリアルを融合させたレクトリアルという画期的な実践を取り上げてみたい．

科学技術の発展により，教育の質を下げることなく，より柔軟な学習環境を学生に提供できるようになってきた．より少ない財源でより多くの学生を教えるという要求に対応するために，大学教員はこれらの新しい技術を活用することが求められており，その技術の中核にはオンラインでの学習機会が位置づけ

られている．その結果，eラーニングの機会は，高等教育段階においてますます増えてきている.[20)]

ブリスベンに位置する公立大学であるクイーンズランド工科大学の法学部では，大人数に対して行われる講義（lecture）と，少人数に対して行われるチュートリアル（tutorial）を融合させた，レクトリアル（lectorial）の実践が行われている．この授業実践では，レクトリアルとオンラインでの授業が組み合わせられている．

この授業の目的は，学生にとって効果的で効率的な学びの可能性を探求することである．これは，対面型の授業を通して可能となる直接的なコミュニケーションと，オンラインの形態によって実現される毎週のキャンパス通いからの解放という，学生からの両方のニーズに応えるものとなっている．

同授業実践は，2005年，クイーンズランド工科大学において，教授と効果的な学習を促進・向上させるためのTeaching Fellowship programmeのサポートを受け実施されたプロジェクトの一つである．この授業は選択科目であり，毎年1学期に2，3年生向けの授業として，約70人の学生を対象に開講される．2005年に試みられた，「対面型／オンライン混合モデル」には，効果的で効率的な学びを達成するために，次のような三つの鍵となる要素が含まれている．

第一に，学生に「学習ガイド・ワークブック」を配布し，単元の内容を提示している．このワークブックには，要約，リーディング・リスト[21)]，考える際のポイント，ディスカッションの論点等が書かれている．

第二に，伝統的な講義が，能動的な学びである「ワークショップ・レクトリアル」に置き換えられている．「ワークショップ・レクトリアル」は，初めの2週と，その後隔週に行われ，学生同士が信頼しあえる学習コミュニティを作るのと同時に，深い学びを促す刺激的な学習環境が生み出されるようデザインされている．実際の授業実践では，質問に答えたり，少人数で活動をしたり，大きなグループでディスカッションをしたりする．学生は，話す，読む，書く，考えるなどのさまざまな活動を通して，主体的に学ぶことができる．

第三に，オンラインでのディスカッションがある．オンライン・ディスカションは，学期中，５回に渡って実施される．オンラインで学ぶ週には，「学習ガイド・ワークブック」から三つのディスカッション・トピックが取り上げられるが，学生はその中から一つ選び，ディスカッションに参加する．ディスカッション・トピックは系統立てられてはいるものの，正しい答えや間違った答えがあるわけではなく，学生に幅広い答えや視点をもたせる工夫がされている．

このように，クイーンズランド工科大学の実践では，教育の質向上を踏まえながら，より学生のニーズに合うように教授形態を柔軟に変容させてきている．その中で，講義とチュートリアルを融合させるレクトリアルという画期的な実践も行われていることが明らかとなった．

(3)　ウェブ・チュートリアル ——南クイーンズランド大学における実践——

ここでは，すべての授業をオンラインで受けられるコースをもつ，南クイーンズランド大学に着目する．南クイーンズランド大学は 1977 年から遠隔教育を提供してきており，オン・キャンパス，オフ・キャンパス，オンラインの三つの形態で，学部と大学院レベルのプログラムを開設している．25,000 人いる学生のうち，77％は遠隔教育の形態で学んでいる．

各コースでは，週１回，２時間の講義が行われる．学生数が多いため，講義は大講義室で行われることが多い．講義室には，さまざまな視聴覚機器が備え付けられている．講師は多くの場合，準備してきた内容について話すが，その中で，今日的な話題を例に出したり，重要なトピックについてのディスカッションを広げたり，課題への準備についての指示をしたりもする．学生の多くは，課題や試験に備えて，講義を受けながらノートを取る．講義では普通，学生と講師の間に双方向的なやりとりはほとんどない．なお，自然科学や工学の分野では，講義に加えて実験や，専門的な技術を使った実践的な活動を行う演習の授業もある．

多くのコースにおいて，講義の他に週１～２時間行われるのがチュートリアルである．チュートリアルでは，少人数の学生に対して，より学生の関心に引き付けた双方向的なやり方で，その週の講義内容を復習する．学生はチューターにどんな質問をすることもでき，わからなかったことについて説明を求めることもできる．チュートリアルには，グループ・ディスカッションが含まれていることが多く，事例を通して学んだり，練習問題を解く機会が与えられたりする．

南クイーンズランド大学においてチュートリアルは，チュートリアルのために読んできた文献や，講義で学んだ概念についてディスカッションする場であり，学生はチュートリアルにおいてコースの内容への理解を深めることができる．また，チュートリアルを最大限活用するためには，事前に準備してくることが奨励されている．疑問に思ったことはどんなことでも書き留めておくことが大切である．

このように，南クイーンズランドでは，キャンパス内で学ぶ学生に向けたチュートリアルも充実しているが，一方で，オフ・キャンパスの学生に対しても，できるだけ双方向的で能動的な学びを促す仕掛けがされている．

たとえば心理学の分野では，インターネットを駆使した双方向的（interactive）なウェブ・チュートリアルが実践されている[22)]．360人が受講している１年生向けのコースや，210人が受講している２年生向けのコースにおいては，Elluminateと呼ばれるサービスを使い，ボイス，ビデオ，ホワイトボード，音声やテキストによるチャットを駆使した授業が行われている．このように工夫された授業が実施されている背景には，学生の大多数がキャンパス外で学んでいるということがある．オフ・キャンパスでの通信教育というと受身の授業を連想しがちであるが，本実践は，学生にとって能動的な学びとなっている．

講義はすべてライブで行われ，学生が後から見ることもできるように録画もされている．双方向的なチュートリアルにおいて学生は，講師が事前に準備したスライドを見たり，それについて講師が話すのを聞いたり，質問をしたりすることができる．学生は，講師からの質問に対する答えをその場で投票したり，ホワイトボードに書いたり，ウェブ上に線を直接書きこんだりして，さまざまな情報をリアルタイムで講師と共有することができる．

本実践では，オフ・キャンパスの学生が教材を提供されてそれに取り組むというような伝統的な受身の経験ではなく，できるだけ双方向的な学びの経験ができることがめざされており，学生からの評価も高い．

第４節　教育の質向上のその先に

以上，本章ではオーストラリアの大学の現状を理解するために，まず政策動向に着目した．次に，オーストラリアの大学教育の今後の方向性を，実際の現場から見てとるために，教授形態に焦点を当てて考察した．その結果，事例からも，オーストラリアの大学教育は新たな局面を迎えていることが明らかとなった．

今日，オーストラリアの大学教育においては，経営の効率化が推進される一方で，教育の質向上が求められている．オーストラリアの大学教育においてはこれまで，講義を補うものとしてチュートリアルが実践されてきたが，コストも時間もかかるチュートリアルが今日の状況の中でどのように維持されているのかについて考察してきた．

その中で明らかになったのは，経営の効率化と教育の質向上の両側面が求められる中で，チュートリアルの一部が変容し維持されていることである．すなわち，伝統的には対面型で行われていたチュートリアルの一部を，ウェブを使うことで，効率化が図られているのである．しかし興味深いことに，この新しい形態のチュートリアルが考案された背景には，経営の効率化だけではなく教育の質向上への推進力があった.

イギリスのチュートリアルと比べて，オーストラリアのチュートリアルはチューター１人に対する学生数が多い．そのため意見が言えず埋もれてしまう学生をサポートするものとしても，ウェブ・チュートリアルは考案されたのである．この新しい形態のチュートリアルは，経営の効率化と教育の質向上の両者が求められる今日の状況に対応した形に変容したものであるといえる.

このようにオーストラリア内で変容したチュートリアルには，イギリスの伝統的なチュートリアルの要素は受け継がれているのだろうか．もはや少人数ではないオーストラリアのチュートリアルにおいても見られるチュートリアルの普遍的な要素は，「学生主体」ということであり，学生の「ディスカッション力の養成」や「理解の促進」がめざされることである.

チュートリアルでは，講義で学んだ内容について学生にもう一度考える機会をもたせることで，学生の既存知識と講義で学んだことを関連づけさせる．チュートリアルにおいて，学生がすでにもっている知識と，新しく学んだ知識を関連づけさせるという作業を行うことで，学生の学びは深められる．チュートリアルで培われた，「ディスカッション力」や「問題を自分の関心や既存知識にひきつけて考える力」などは，学生が社会に出た後にも発揮されていくのである.

日本でも教育の質向上がめざされる中，少人数教育やｅラーニングなどの重要性が指摘され，より効果的な大学教育とは何かが問われている．そのような状況において，伝統的なイギリスのチュートリアルではなく，教育の質向上と経営の効率化の両者を実現するようなオーストラリアのチュートリアルは注目に値する.

注)

1）コロンボ計画とは，開発途上国援助のためのものであり，アジア太平洋地域諸国の経済・社会開発を促進し，その生活水準の向上を目的としたものである.

2）ブラッドリー・レビューとは，2008 年３月に，政府が高等教育の今後の在り方を探るために，名誉教授である Denise Bradley を中心に行った調査の報告書である．
3）Australian Government, *Transforming Australia's Higher Education System,* 2009.
4）*Review of Australian Higher Education-Overview,* Department of Education, Employment and Workplace Relations.（http://www.deewr.gov.au/HigherEducation/Review/Pages：2010 年９月２日アクセス確認）
5）'Future directions for Tertiary Education', *Review of Australian Higher Education,* Department of Education, Employment and Workplace Relations.（http://www.deewr.gov.au/HigherEducation/Review/Pages/FuturedirectionsforTertiary...：2010 年９月２日アクセス確認）
6）Australian Government, 'Student Centred Funding System', *Transforming Australia's Higher Education System,* 2009.
7）Australian Government, *Review of Australian Higher Education – Final Report,* 2008, p.78.
8）Australian Government, *op.cit.,* 2009, p.6.
9）セミナーとは，体系的なものではなくトピック・ベース（科目中心）のものであり，時々行われる．セミナーは大学院レベルで行うものと位置づける大学もあり，その場合には３時間の長さで，ディスカッション，講義，プレゼンテーションなどが組み合わされる．
10）個別チュートリアルとは，より少人数の学生に対して行われるチュートリアルを指す．
11）Ramsden, P., *Learning to Teach in Higher Education.* Routledge, 1992, pp.84–105.
12）Maslen, G., 'Lack of new ideas in university teaching causes concern', *Campus Review,* 1995.
13）杉本和弘『戦後オーストラリアの高等教育改革研究』東信堂，2003 年，pp.35–41.
14）オックスフォード，ケンブリッジ両大学を指す．
15）なお，イギリスにおけるチュートリアルの変遷については，竹腰千絵「イギリス高等教育におけるチュートリアルの伝播と変容」京都大学大学院　教育学研究科紀要，第 54 号を参照されたい．（http://repository.kulib.kyoto-u.ac.jp/dspace/handle/2433/57015：2010 年 10 月 31 日アクセス確認）
16）Tutorial participation, AIRport, The University of Melbourne.（https://airport.unimelb.edu.au/gate1/study_skills/tuteprep.php：2010 年９月２日アクセス確認）
17）Participating in tutorials, Monash University.（http://www.monash.edu.au/lls/

llonline/quickrefs/03-tutorials.xml：2010年9月2日アクセス確認)

18) 2005年6月，西オーストラリア大学の教員 Larry Neale に対して行ったインタビュー調査より．

19) Sweeney, J. *et al.*, 'Traditional face-to-face and web-based tutorials: a study of university students' perspectives on the roles of tutorial participants', *Teaching in Higher Education,* Vol.9, Routledge, 2004, pp.314–315.

20) Field, M. R., 'Favourable Conditions for Effective and Efficient Learning in a Blended Face-to-face/Online Method', Australian Society for Computers in Learning in Tertiary Education, *Proceedings of the Annual Conference*, 2005, p.205.

21) リーディング・リストとは，読むべき文献についてリストアップされたもののことである．

22) Elluminating Tutorials, Learning and Teaching, USQ.（http://www.usq.edu.au/learnteach/learnres/exemplars/telexamples/ellum：2010年1月26日アクセス確認)

コラム⑤

オーストラリアから見た日本の大学教育

日本では，高等教育進学率の高まりとともに，大学教育がエリート教育だった時代と比べて，大学には多様な学生が入学してくるようになった．そのため，授業への準備ができない学生や，授業についていけない学生が見られるようになり，大学側には彼らに対するさまざまなサポートが求められるようになった．

文部科学省はこのような背景をもつ高等教育に対して，よりきめ細やかな指導ができるように少人数教育を推奨した．各大学においてはゼミなどの少人数教育が重視されているものの，オーストラリアのように，講義と少人数教育で扱うことの内容がリンクしているケースはほとんどない．

日本の大学における講義は，大学入試を頂点とした日本の公教育全般を象徴しているかのようであるが，そこでは，主に知識を伝授してそれを学生に覚えさせるという伝統的なスタイルが未だに根強く残っている．しかし，頭に入ってきたものをそのまま覚えるという，浅い部分での理解による知識は，試験やレポートが終わるとすぐに忘れ去られてしまうのである．

本来，新しいことを知りたい，学びたいという欲求は，人間にとって自然なものであり，新しい知識を習得するという活動は，大学を卒業した後も日常生活のあらゆる場面で見られる．社会に出てからも役立つ力を学生に身につけさせるために，大学教育ができることは何であろうか．日本の大学教育が抱えている課題――それは，何を教えるかということよりもむしろ，教え方や学ばせ方にあるのではないだろうか．同じ知識を習得させるにしても，どのように学ばせるかが重要なのである．

イギリスやオーストラリアの大学に目を向けると，日本とは大きく異なる教育が実践されていることがわかる．そこでは，学生に新しい知見を与えた後に，学生がその知見を自身に（あるいは自身の中にある知識に）引き付けて考えるために，チュートリアルのような時間が設けられている．学生に，新しく得た知識を，自分のこととして捉え直すことのできる姿勢を身にさせることこそが，大学教育に今最も求められているのではないだろうか．

おわりに

(1) オーストラリアの教育改革——21 世紀型教育立国への挑戦

「ケルン憲章—生涯学習の目的と希望—」(1999 年６月，ケルンサミット，Ｇ８首脳会合）は次の重要な指摘をしている.

「すべての国が直面する課題は，どのようにして，学習する社会となり，来世紀に必要とされる知識，技能，資格を市民が身につけることを確保するかである．経済や社会はますます知識に基づくものとなっている．教育と技能は，経済的成功，社会における責任，社会的一体感を実現する上で不可欠である．来世紀は柔軟性と変化の世紀と定義されるであろう．すなわち，流動性への要請がかつてないほどに高まるだろう．今日，パスポートとチケットにより人びとは世界中どこへでも旅することができる．将来には，流動性へのパスポートは，教育と生涯学習となるであろう．この流動性のためのパスポートは，すべての人びとに提供されなければならない．（中略）学習のあらゆる段階において，創造性や，起業家精神，そして，すべての人びとにとっての政治的権利，社会的権利および人権の尊重，寛容さや多元的共存の価値，異なるコミュニティー，見解，および伝統の多様性への理解と敬意を含んだ民主的な市民であるための教育の重要性が強調されるべきである[1)].」

ここに，21 世紀型教育立国の方向性が示されている．今日，世界各国の教育と社会は，諸課題を抱えているが，今こそ「ケルン憲章」の理念に立ちもどり，教育改革の在り方を検討すべきであろう．こうした問題意識に立つ時，日本の教育の現状や子どもの学びの質をめぐって，あまりにも課題が多い．グローバル社会で自信をもって生活していけるような力を児童生徒が身につけているか，疑問をもたざるを得ない．学力の格差は大きくなる一方であり，社会の調和が実現し難くなっている.

教育問題を考える際，研究や政策の国際的動向を理解し検討することなしには，的確な答は得られないだろう．本書は，オーストラリアの最新動向を手がかりに，21世紀型教育立国の在り方を考えることを試みた．そして，各章において，オーストラリアにおける教育の光と影を明らかにすることができた．公平，社会的包摂，シティズンシップ，納税者への説明・結果責任，学校変革，ニーズに応じたマネジメント，新しいカリキュラムの開発，個に対応した大学の教育方法は光の部分である．一方で，過度の標準化，コントロール，プレッシャー，学びの矮小化，排他的競争，格差といった影の部分も見出せた．

問題は，政府が教育立国を早急に実現しようとすればするほど，コントロールが強まり，かえって，多様で創造的な「学びと教え」を排除してしまう危険性があることだろう．この背景には，政治の教育への強い関心がある．議員は民主主義制度における代表者である．しかし，一方で，政治は短期的で単純な議論を招きかねない．「『ケルン憲章』の理念を忘れてしまったのではないか」と真剣に問いかける時期に来ている．もし，そのような問いかけが可能になれば，教育専門家（研究者や実践家）が新しい政策形成に関与するチャンスもあるだろう．日本は，21世紀型教育立国をつくるために，なおさら教育改革に関する問題意識を強くもたなければならない．

オーストラリアの文脈に即していえば，2010年末の時点で，連邦レベルでは労働党が緑の党や無所属議員との連合により政権を維持しているが，一方で，ビクトリア州では2010年11月に政権交代が起こり，自由党・国民党連立政権が発足している．小さな政府に向かっていくのだろうか．今後も州レベルの変化が見込まれる．そのプロセスを経て，結果的に，「オーストラリアらしい」教育改革のアイデアが出されていくことだろう．オーストラリアの教育改革が今後どのようなアプローチをとっていくのか，全国，連邦，6州2直轄区のそれぞれの動向を引き続き研究する必要があるだろう．

(2) 今後の研究課題

本書では，各分野におけるオーストラリアの教育改革の最前線を示すことができた．しかし，変化の早い今日，オーストラリアの教育改革の今後を注意深く見守っていくことが重要であろう．そのことをふまえて，最後に，今後の研究課題を指摘しておきたい．

第一に，本書では，政策分析が中心となった．大学教育の研究では実践例を扱っているが，その他の分野では，学校の事例を扱えなかった．今後は事例研究を進めていくことが必要であろう．とくに，教師と子どもの姿を明らかにすることが課題になるだろう．

第二に，本書は，オーストラリアの州間比較を行うことができなかった．各章ごとに各州・直轄区の教育を対象とし，最終的に州間比較する方法もありうるだろう．容易ではないが，新たな知見の創出が期待されるアプローチである．

第三に，英連邦，とりわけイギリスとオーストラリアの教育の比較研究が必要であろう．教育政策の立案や研究にあたって，オーストラリア人はイギリスの動向を意識している．イングランドの教育を理解した上で，オーストラリアの教育を見ると，新たな発見がある．イングランドだけではなく，スコットランド，ウェールズ，そして，アイルランドの教育を理解し，その上で，オーストラリアの教育の姿を捉える努力も将来的には必要だろう．

以上，編者の問題関心から課題を列記した．これらの他にも，教科教育，先住民教育，多文化教育，言語教育，シティズンシップ教育，特別支援教育，ホリスティック教育，グローバル教育，開発教育，乳幼児教育，職業教育，社会教育，生涯学習，教師教育，教育法，教育財政，学級経営，生活指導，教育方法，私立学校の教育など，さまざまな研究テーマが考えられる．オーストラリアの教育研究の前途は幅広く開かれている．

編　者

注)・・・
1)「ケルン憲章—生涯学習の目的と希望—(仮訳)」(外務省ホームページ掲載)
(http://www.mofa.go.jp/mofaj/gaiko/summit/cologne99/g8s_sg.html：2010年12月1日アクセス確認)

索 引

編者紹介

佐藤　博志

〈略歴〉

1993 年 3 月，青山学院大学文学部教育学科卒業

1998 年 3 月，筑波大学大学院博士課程教育学研究科教育基礎学専攻単位取得退学

以後，日本学術振興会特別研究員，メルボルン大学上級客員研究員，筑波大学講師，長崎大学講師，岡山大学助教授・准教授を経て，2010 年 4 月，筑波大学大学院人間総合科学研究科教育基礎学専攻に准教授（学校経営学）として着任する．

現在，筑波大学大学院人間総合科学研究科准教授

〈学位〉

博士（教育学）

〈専門分野〉

学校経営学，教育行政学，比較教育学

〈所属学会〉

日本教育学会，日本教育経営学会，日本教育行政学会，日本比較教育学会，日本教育社会学会，オセアニア教育学会，筑波大学教育学会，Australian Council for Educational Leaders，Commonwealth Council for Educational Administration and Management

〈受賞〉

1998 年 6 月，日本教育経営学会研究奨励賞

2008 年 6 月，日本教育経営学会実践研究賞

2010 年 6 月，日本教育経営学会学術研究賞

〈主要著書〉

『オーストラリア教育改革に学ぶ―学校変革プランの方法と実際―』学文社，2007 年（編著）．

『スクールリーダーの原点―学校組織を活かす教師の力』金子書房，2009 年（共編著）．

『オーストラリア学校経営改革の研究―自律的学校経営とアカウンタビリティ』東信堂，2009 年（単著）．

執　筆　者

青木麻衣子	北海道大学留学生センター講師	第 1 章，コラム①
伊井　義人	藤女子大学人間生活学部准教授	第 2 章，コラム②
佐藤　博志	筑波大学大学院 人間総合科学研究科准教授	第 3 章，コラム③，はじめに，おわりに
木村　　裕	滋賀県立大学人間文化学部助教	第 4 章，コラム④
竹腰　千絵	京都大学大学院教育学研究科院生	第 5 章，コラム⑤

オーストラリアの教育改革
―21世紀型教育立国への挑戦―

2011年4月1日　第一版第一刷発行

編著者　佐　藤　博　志

発行者　田　中　千津子
発行所　株式会社　学　文　社
〒153-0064　東京都目黒区下目黒3－6－1
電話（03）3715-1501㈹　振替 00130-9-98842
http://www.gakubunsha.com

落丁・乱丁本は，本社にてお取り替えします。　◎検印省略
定価は売上カード・カバーに表示してあります。
印刷／㈱亨有堂印刷所
ISBN 978-4-7620-2146-6